감사일기,

63일의 기적

감사일기, 63일의 기적

초 판 1쇄 2025년 01월 20일

지은이 소담 한만정
펴낸이 류종렬

펴낸곳 미다스북스
본부장 임종익
편집장 이다경, 김가영
디자인 임인영, 윤가희
책임진행 이예나, 김요섭, 안채원, 김은진, 장민주

등록 2001년 3월 21일 제2001-000040호
주소 서울시 마포구 양화로 133 서교타워 711호
전화 02) 322-7802~3
팩스 02) 6007-1845
블로그 http://blog.naver.com/midasbooks
전자주소 midasbooks@hanmail.net
페이스북 https://www.facebook.com/midasbooks425
인스타그램 https://www.instagram.com/midasbooks

ISBN 979-11-7355-046-1 03190

값 18,500원

삶의 비밀을 푸는 아주 작은 습관, 9주간의 변화!

감사일기, 63일의 기적

소담 한만정 지음

미다스북스

"감사하는 마음은 심지어 비극 속에서도 기쁨을 발견한다."

- 헬렌 켈러

"감사는 희망의 씨앗을 심고 기쁨의 열매를 맺게 한다."
- 토마스 머튼

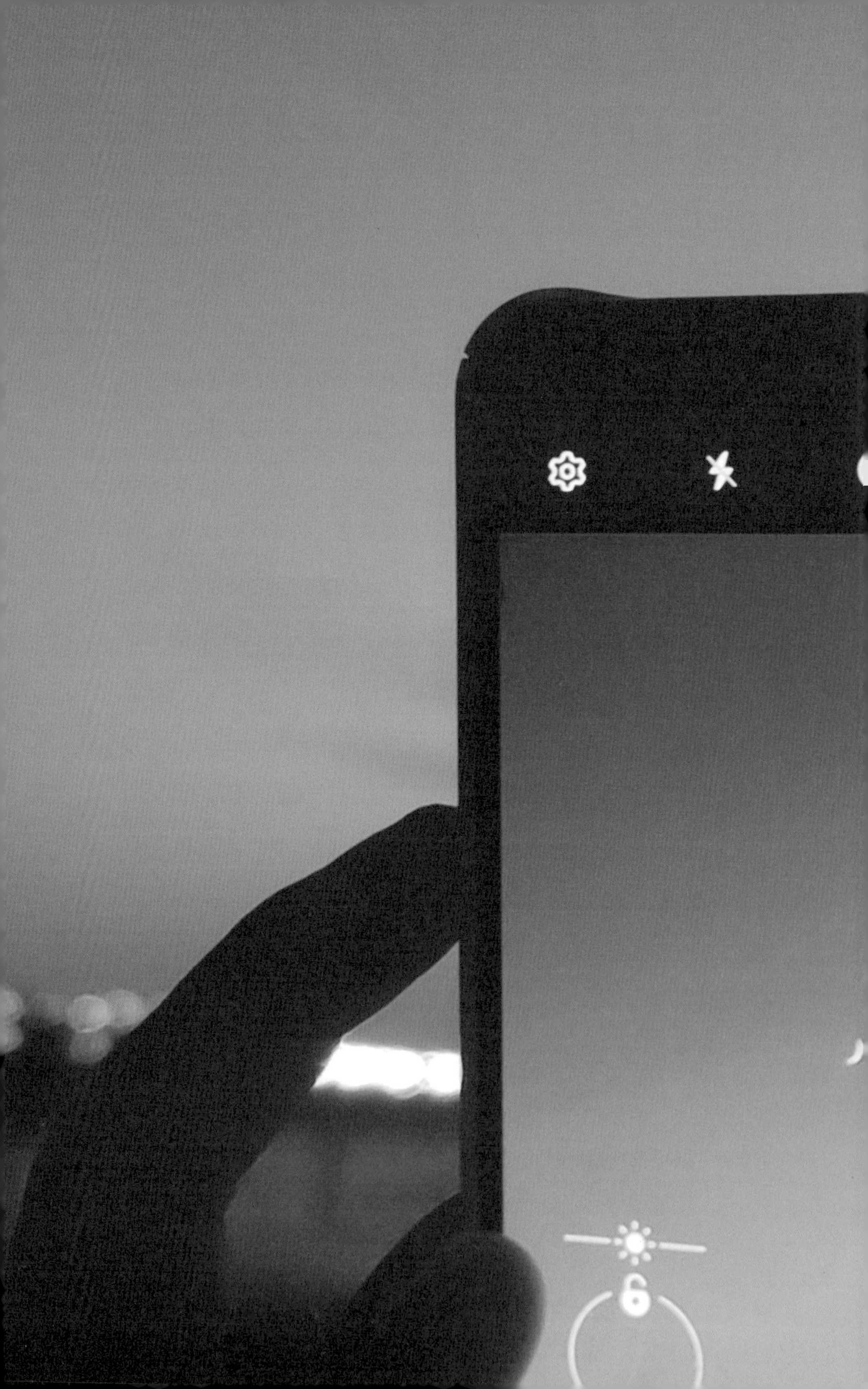

"감사하는 마음은 모든 순간을 가치 있게 만든다."

- 토마스 칼라일

"감사는 마음의 태도이며, 매일 연습해야 하는 습관이다."

- 오프라 윈프리

추천사

(사)감사나눔연구원 이사장

제갈정웅

"감사의 힘으로 꽃 피우는 삶"

『감사일기, 63일의 기적』을 읽는 내내 마음이 따뜻해졌습니다. 저자의 진솔한 이야기와 63일의 감사 여정은 독자들에게 깊은 공감과 감동을 선사합니다. 단순히 감사를 강조하는 것을 넘어, 감사가 어떻게 우리 삶을 변화시키는지 구체적인 경험으로 보여줍니다.

감사는 단순한 감정이 아니라, 삶을 바라보는 새로운 시각이고, 더 나아가 삶을 치유하는 강력한 도구임을 느낄 수 있었습니다.

특히, 63일이라는 구체적인 기간을 제시하고, 매일 감사를 기록하는 실천 방법을 제시하여 독자들이 쉽게 따라 할 수 있도록 돕는 점이 인상적입니다. 또한, 감사 일기에서 뽑은 고전적 메시지와 연관 지어 일상의 삶을 더 깊게 성찰하도록 쓴 것이 이 책을 읽는 재미를 더해 줍니다. 독자의 계층이 청소년에서 어르신까지 이 책을 활용하기에 적합하며, 감사 일기 쓰는 습관은 건강한 사회적 관계를 형성하는 도구가 될 수 있습니다. 이 책은 일반적인 자기 계발서를 넘어, 삶의 의미를 찾고자 하는 모든 이에게 따뜻한 위로와 희망을 전하는 '실용적인 안내서'입니다.

저자의 진솔한 이야기와 함께 감사의 씨앗을 심고, 삶의 아름다움을 발견하는 기쁨을 누리시길 바랍니다. 감사합니다.

1인기업 국민멘토
스타트경영캠퍼스 대표
김형환

작가에게 물었습니다. "삶에서 가장 중요한 가치는 무엇입니까?"

그는 한 치의 고민도 없이 말했습니다. '감사'입니다. 내가 물은 것은 핵심 가치입니다.

어떻게 사는 것이 가장 자기답고, 자기만의 원칙이며 소망인가를 묻는 말에 그는 "감사"라고 답한 것입니다. 과연 그에게 감사는 무엇인가? 작가와는 15년 전 1인기업 CEO경영 스쿨38기로 만났습니다. 교수와 학생으로 만났지만, 그는 남다른 긍정과 열정 그리고 감사가 넘치는 분으로 본받을 점이 많은 분이었습니다.

오랜 시간 자주 만나 멘토링을 통해 삶의 여정을 공유하면서 그에게 '감사'는 무엇일까에 의문을 가졌습니다. 그는 어떻게 감사를 할까? '도저히 감사하지 못할 때 감사할 줄 안다. 아무도 감사하지 않을 때 감사할 줄 안다. 금전적 손해와 희생이 있어도 감사할 줄 안다.' 그는 그 감사로 주변에 매우 긍정적인 영향력을 끼치고 있습니다.

"저렇게까지 해야 할까?"라고 혀를 내두르는 사람들도 있지만 개의치 않았습니다. "감사가 뭐라고 난 못할 것 같아"라고 두 손 절레절레 흔들어도 그는 감사의 이유를 서슴없이 말했습니다.

이 책에는 저자의 감사에 대한 철학, 일상의 기록, 감사의 노하우가 넘칩니다. 상황에 지배받는 삶을 탈피하고 싶다면, 긍정적이고 열정적인 삶을 원한다면, 주변의 사람들에게 변화의 영향을 주고 싶다면, 먼저, 3번을 읽고 난 다음 3권을 선물로 나누며 감사의 편지를 쓴다면 누구나 삶의 보석을 발견하게 될 것입니다. 감사합니다.

순복음대학원대학교 상담학과 교수
대한군상담학회 학회장
김완일

이 책은 '감사를 나눔으로 세상을 함께하며 변화시키는 삶'을 따뜻하게 보여줍니다. 감사의 중요성을 말하는 데 그치지 않고, 63일간의 감사 여정을 통해 실제로 변화와 성장을 체험할 수 있는 길을 제시합니다. 작은 감사가 큰 기적을 만들어내는 과정을 따라가며, 감사가 단순한 감정을 넘어 삶을 따뜻하게 바라보는 섬세한 시각이자 치유와 성장을 이루는 강력한 도구임을 깨닫게 됩니다.

저자가 직접 찍은 사진들은 자연의 아름다움을 생생히 전하며, 성경 말씀, 사자성어, 명언 등 고전의 지혜를 통해 감사가 삶의 비전을 열어주는 힘임을 느끼게 합니다. 단순한 자기 계발서를 넘어, 이 책은 역경 속에서 삶의 의미를 찾고자 하는 이들에게 따뜻한 위로와 희망의 메시지를 전하는 길잡이가 되어 줍니다.

감사 일기 쓰는 습관은 가정에서 가족 간의 감사의 시작점이 될 뿐 아니라, 학교, 단체, 교회, 군부대, 교도소 등 다양한 곳에서 울림을 줄 나비효과를 만들어냅니다. 저자의 진솔한 이야기를 따라가다 보면, 감사의 씨앗이 마음에 뿌려지고 내적 성장을 이루며 삶의 새로운 아름다움을 발견하는 기쁨을 누릴 수 있습니다.

이 책은 감사의 힘을 통해 당신의 삶을 빛나게 할 특별한 여정을 선사할 것입니다. 감사합니다.

새한일보 취재본부장/논설위원 노노족
김상호

"昭潭(소담) 한만정 작가의 『감사일기, 63일의 기적』 감사의 힘을 발견하는 여정"

이 책은 단순히 하루를 기록하는 일기를 넘어, 삶을 새롭게 바라보는 특별한 도구입니다. 또한, 지나온 평범한 순간들을 다시금 빛나게 하며, 삶의 진정한 의미를 발견하도록 돕습니다.

10년간 실천해온 작가의 감사 나눔 철학과 방법이 담긴 이 책은, 어려움 속에서도 배움과 성찰의 기회를 찾는 법을 제시합니다. 단순히 좋은 일만이 아닌, 힘든 순간까지도 감사로 사고 전환하는 과정은 우리의 내면을 긍정과 평온으로 채웁니다.

감사일기의 지속성은 우리의 마음을 강하게 만듭니다. 작은 감사의 기록이 쌓일수록 삶은 풍요로워지고, 회복력과 행복감은 더욱 커집니다.

이 책과 동행하는 동안 잊고 있던 행복의 조각들을 다시 발견하도록 안내하며, 단순한 일기 모음을 넘어 마음속 잠든 감사의 씨앗을 깨우는 소중한 길잡이가 됩니다.

작가는 삶 속 크고 작은 감사의 순간들을 진솔하게 기록하며, 독자들에게 감사가 가져오는 놀라운 변화를 고전의 깊이까지 이해하고 체험하게 합니다. 책장을 넘길 때마다 우리는 각자의 감사 순간을 떠올리며 따뜻한 위로와 평안을 느낄 것입니다.

감사는 행복의 시작입니다. 이 책이 많은 이들에게 감사의 기쁨과 인생의 지혜를 전하고, 더 나은 삶으로 나아가는 용기를 줄 것이라 믿습니다.

삶을 감사로 채우는 여정을 지금 시작해 보십시오. 감사합니다.

전)안양문화원장
현)사단법인 소요유 이사장
정변규

『감사일기, 63일의 기적』은 저자 소담 한만정의 탁월한 기획력과 삶의 변화를 끌어내는 힘을 보여줍니다. 상담심리학을 전공한 그는 라이프코치로서 1인 기업가로 성장하며, 리더십을 발휘해 공동체를 창설하고, 다양한 사람과 함께 성장하며, 예기치 못한 어려움을 감사의 힘으로 극복해왔습니다. 그 과정에서 '감사'라는 핵심 가치를 발견하고, 이를 긍정적인 마인드 리셋의 도구로 삼았습니다.

이 책은 단순한 감사 일기 기록을 넘어, 삶의 의미를 탐색하며 고전에서 깊은 철학적 사고를 사유합니다. 페이지마다 명언과 5감사, 에세이, 고전을 성찰하며 독자들이 자연스럽게 따라 할 수 있도록 배려가 드러납니다. 이는 청소년과 성인, 그리고 다양한 사회단체에서 활용하여 심리적, 정서적, 사회적으로 발생하는 문제 해결과 성장에 도움을 주는 훌륭한 '감사 실용서'입니다.

성경 잠언 22장 6절은 "마땅히 행할 길을 아이에게 가르치라 그리하면 늙어도 그것을 떠나지 아니하리라."라고 말씀하십니다. 이 책이 사회의 다양한 분야에 널리 퍼져 감사의 중요성을 일깨우며, 삶의 풍요로움을 선사하는 귀중한 안내서가 되기를 추천합니다. 가정에서도 가족 구성원이 함께 감사의 삶을 실천하며, 세상을 더욱 아름답게 변화시킬 수 있기를 기대합니다.

감사의 실천은 우리의 삶을 더욱 풍요롭고 의미 있게 만듭니다. '감사일기, 63일의 기적'은 그 여정에 든든한 동반자가 되어줄 것입니다. 감사합니다.

프롤로그
: 감사 일기, 63일의 기적

감사로 시작하는 하루.

매일 새벽, 눈을 뜨자마자 나지막이 흘러나오는 한마디.

"감사합니다."

이 말은 마치 하품처럼 자연스럽게 터져 나와 하루의 첫 문장을 장식합니다. 누운 채로 손끝에서 발끝까지 천천히 쓰다듬으며 몸과 마음에 말을 겁니다.

"하나님, 감사합니다. 손아, 팔아, 얼굴아…. 나를 지켜주고 움직이게 해줘서 고마워."

5분 남짓 이어지는 이 작은 의식은 몸의 혈관을 깨우고 하루를 시작하는 생명의 순환과도 같습니다. 이어서 세상과 소통하기 전, 하나님께 드리는 기도로 하루를 맡깁니다.

"하나님, 제가 할 수 없는 일은 당신께 맡기고, 제 입술과 마음을 지켜주세요. 오늘도 감사로 충만한 하루를 인도해 주실 줄 믿고 감사드립니다."

이 간단한 감사의 시작은 일상을 특별한 것으로 바꿔놓았습니다. 어느 날 깨달았습니다. 감사는 이미 제 삶에 호흡처럼 스며들어 있다는 사실을요. 그리고 이 감사의 힘은 매일 적는 '5감사 일기'를 통해 진정한 변화를 불러왔습니다. 작은 감사를 글로 적어 내려갈 때, 우리의 삶은 마치 마법처럼 선명하고 아름답게 익어갑니다.

감사의 여정: 63일의 기록

이 책은 제가 10년 가까이 실천해 온 감사 나눔의 첫걸음인 '63일간의 기록'을 중심으로 쓰였습니다.

왜 하필 63일일까요?

63일은 단순한 날짜를 넘어, 새로운 습관이 자리 잡는 시간입니다. 심리학 연구에 따르면 새로운 행동이 완전히 습관으로 자리 잡기 위해 최소 21일이 필요하며, 이를 세 번 반복하면 몸과 마음이 완전히 변화한다고 합니다.

21일 × 3번 = 63일, 바로 이 변화의 여정을 담은 책입니다.

감사란 거창하거나 먼 곳에 있는 것이 아닙니다. 해가 뜨는 아침, 따뜻한 한 잔의 차, 실패 속에서 얻은 작은 배움, 한 통의 안부 전화처럼 가까운 일상에 숨어 있는 소중한 순간들이었습니다. 감사는 찾는 것이 아니라, 이미 내 삶 속에 존재하고 있는 숨겨진 보석과도 같은 것입니다.

감사 습관의 힘

감사는 삶을 변화시킵니다.

감사 일기를 쓰기 전의 제 삶은 특별할 것 없이 똑같이 반복되는 지루한 시간의 연속이었습니다. 감사의 눈으로 세상을 바라보기 시작하고부터는 매 순간이 특별하게 다가왔습니다. 암울하고 복잡했던 나의 삶이 명약관화(明若觀火)처럼 명확하게 드러나며, 적극적이고 긍정적인 힘의 에너지로 가득 차게 되었습니다.

"위대한 일은 작은 일들의 축적에서 시작된다." - 빈스 롬바르디

작고 평범한 순간들을 기록하며 감사는 제 삶에 깊숙이 뿌리내려, 긍정적인 사고와 스트레스 완화에 큰 도움이 되었습니다. 꾸준히 감사 생활은

자기 성장을 촉진하고, 삶의 작은 부분에도 감사함을 느낄 수 있게 되었습니다. 이 습관은 사회적 관계를 더욱 강화하고, 사람들과의 소통을 원활하게 만들어줍니다. 결과적으로 감사는 제 삶에 행복감을 증진시키고, 삶에 대한 만족도를 높이는 중요한 요소가 되었습니다.

감사와 치유

이 책은 단순한 감사의 기록을 넘어, 감사의 철학과 실천 방법을 제시합니다. 감사는 큰 행운을 얻은 순간에 시작되지 않았습니다. 병원 생활과 우울감, 인간관계의 고립과 좌절 속에서 불평과 원망으로 가득했던 제 삶에서 시작되었습니다. 그러나 이 고난 속에서 저는 하나님께 기도하며 작은 감사의 실마리를 찾았고, 삶은 조금씩 변화하기 시작했습니다.

"여호와는 나의 목자시니 내게 부족함이 없으리로다." - 시편 23:1

감사는 나를 더욱 건강하고 행복하게 만들었고, 예기치 못한 행운과 희망도 경험하게 해주었습니다.

63일 감사 프로젝트에 초대합니다

이 책을 통해 독자 여러분도 감사의 여정을 시작하시길 바랍니다. 처음에는 어색할 수 있지만, 매일 쓰는 작은 감사는 점차 삶에 큰 변화를 가져옵니다.

63일 후, 여러분은 지금과는 전혀 다른 자신을 발견하게 될 것입니다.

"감사합니다."

이 짧은 고백이 하루의 시작과 끝을 물들이고, 삶을 변화시키는 기적의 문이 되기를 소망합니다.

이제 감사의 여정을 시작해 볼까요?

여러분의 이야기가 이 책의 마지막 페이지를 채우기를 기대합니다.

2025년 새해 아침을 열며

감사 마스터 소담 한만정

감사 일기에 입문하는 분들에게

1. 감사의 정의 : 우리가 경험하는 모든 것이 가치와 무가치 있는 상황에 대해 인정하고, 고마움을 표현하는 감정입니다. 내적인 감정과 외적인 표현으로 나누어 볼 수 있는데, 내면적으로는, 우리가 받은 혜택이나 도움에 대해 긍정적인 감정을 느끼고, 그로 인해 평화롭고 만족스러운 감정을 가지게 됩니다. 외적으로는, 그 감정을 말이나 행동으로 표현하는 것입니다.

2. 감사의 요소 : 인정, 고백, 행동

3. 감사의 의미 : 감사의 마음은 단순히 "고맙다."라는 말을 넘어서는 깊은 의미가 있습니다. 감사는 긍정적인 감정을 통해 사람과 사람, 사람과 환경, 사람과 신을 연결하고, 삶의 의미와 목적을 찾게 도와줍니다. 감사는 내면의 평화를 이루고, 행복을 지속해서 유지할 수 있도록 합니다.

4. 소담 한만정의 감사 일기 쓰는 법

① 매일 매일 쓰도록 합니다.

② 일상 속 작은 것에서 느낍니다.

③ 구체적이고 세부적으로 씁니다.

④ 긍정적인 언어를 사용합니다.

⑤ 감정과 연결하기 하여 씁니다.

⑥ 한자 성어나 고전과 연결하여 씁니다.

⑦ 자신의 성장·변화와 연계하여 씁니다.

⑧ 날씨나 자연과의 연계하여 씁니다.

⑨ 3가지 또는 5가지, 12가지, 100가지 감사한 일 씁니다.

5. 감사 일기의 목표

① 1일 5감사 생활 63일 지속적으로 합니다.

② 63일 후, 자기 사랑 100감사 쓰기

③ 100일 이상 5감사생활 유지합니다.

④ 100일 기념 100감사 족자 발행하기

⑤ 내적 성장과 변화를 통해 긍정적·적극적인 태도를 기르는 것

*감사코치와 동행, 특강, 감사경영과정 활용도 가능합니다.

6. 『감사 일기, 63일의 기적』 5단계 구성과 설명

① 1일 1감사명언 : 성장을 위한 감사의 의미를 새기며 마음열기합니다.

② <소담의 1일 5감사 일기> : 매일 5가지 감사의 내용을 일기로 적었습니다.

③ 에세이 : 그날 있었던 일을 상세히 적어 감동을 더 했습니다.

④ <감사에서 찾은 고전> : 사자성어를 통해 오늘의 감사를 고전의 지혜로 연결했습니다.

⑤ <고전 필사>, <오늘 나의 감사 일기> : 독자 참여로 감사습관 공간입니다.

목차

Day 1

작은 순간에서 느끼는 기쁨

"감사는 삶의 모든 것을 축복으로 만든다."

- 앨버트 슈바이처

소담의 1일 5감사 일기

1. 가족들은 아직 잠든 시간입니다. 일찍 일어나서 맨발 걷기 운동을 나섰습니다. 40분가량 걸었을까 등줄기에서 땀이 솟아납니다. 가볍고 상쾌한 기분으로 운동할 수 있어 감사합니다.
2. 2년 전 직장에서 과로로 쓰러져 몸도 마음도 많이 아팠습니다. 많이 회복되어 건강한 삶을 지내며 몸과 마음을 회복하기 위해 더욱 기도에 힘쓰고 운동하도록 도와주는 가족들 감사합니다.
3. 송○○라는 친구가 전화했습니다. 얼마나 나아졌는지, 컨디션은 어떤지 세심하게 물었습니다. 염려하며 안부 전화를 준 친구가 고마운 마음에 감사합니다.
4. 딸이 직장에 들어가기 전 잠시 아르바이트합니다. 오늘은 급여 받았다고 상큼한 과일과 빵을 사와 기분 전환을 시켜준 딸이 감사합니다.
5. 내편(남편)님께서 하루 어떻게 지냈는지 물어오며 집안일을 꼼꼼히 살펴봐 주셔서 고맙고 감사합니다~♡

큰 기쁨도 작은 감사로부터 시작됩니다.

전화벨이 울렸습니다.

"정아니? 괜찮아?"

"응. 괜찮아."

"많이 좋아진 거지? 뭐 하고 지내? 답답하지? 내가 갈까?"

친구는 궁금한 것이 많습니다. 자꾸 말을 시켜 성가시기도 하지만 그런 친구가 너무 고맙습니다. 한참을 재잘거리고 수다를 떨더니 "밥은 잘 먹는 거야? 먹고 싶은 거 있어? 내가 며칠 후 군포 쪽에 볼일 있어 갈 거 거든. 그때 갈게. 잘 지내." 하고 끊었습니다.

고마운 친구…. 꺼진 전화기를 만지작거리며 한참을 베란다 밖으로 스쳐 지나가는 바람을 온 마음으로 담습니다. 가족들이 귀가할 시간이 되어 저녁 밥상에 무엇을 올릴까 고민하던 중 냉동실에 얼려 놓은 고등어가 생각나 무 넣고 지졌습니다. 딸이 먼저 푸짐하게 과일을 한 보따리 안고 현관문을 들어서며 "엄마, 나 오늘 월급 탔어. 그래서 이것저것 조금 샀어." 합니다.

"어머나, 조금이 아니네. 고맙다. 이따 아빠 오시면 저녁 같이 먹자."

금세 훈훈해지는 저녁 시간입니다.

감사에서 찾은 고전

인생무상(人生無常) : '인생은 한결같지 않아 덧없다.'라는 뜻입니다. 인생이 아무것도 남지 않는 덧없는 것이라면 가족과의 사랑, 친구의 걱정, 딸의 배려 등 순간순간 경험하는 모든 것에 감사하는 것이 현명한 일 같습니다.

수처작주(隨處作主) : '어디에 있든지 스스로 주인이 된다'는 뜻으로, 자신의 삶을 적극적으로 살아가는 태도를 의미합니다. 아침에 일찍 일어나 맨발 걷기를 통해 몸과 마음을 다스리는 것도 내 인생의 주인이 되는 것이라고 할 수 있겠죠.

고전 필사

오늘 나의 감사 일기

Day 2

최고의 선은 물과 같다

"감사는 영혼에 비치는 햇빛과 같다."

- 벤저민 프랭클린

| 소담의 1일 5감사 일기

1. 오늘 모임에서 병문안 왔습니다. 답답한 실내를 벗어나 둘레길을 함께 걸었습니다. 자연의 오묘한 선물처럼 코끝을 타고 상큼하게 들어와 기분이 한결 좋아져 감사합니다.
2. 모두들 다녀간 후 조용히 소리 내어 책을 읽어봅니다. 발음이 많이 정확해져 감사합니다.
3. 음악을 들으며 몸을 맡겨보았습니다. 흔들흔들 흐느적흐느적. 핏줄을 타고 흐르는 에너지가 느껴질 무렵 축 처져 있던 팔다리가 점점 사방으로 뻗어집니다. 회복이 되어가고 있음을 느끼며 감사합니다.
4. 낮에 모임 친구들과 자연 속에서 재잘거리며 웃고 나누던 이야기들이 다시 온몸으로 들려옵니다. 배시시 웃음이 나오며 행복한 마음이 들어 감사합니다.
5. 저녁상을 차리는데 손 빠른 내편님이 도와주셔서 고마운 마음이 행복한 향기로 피어나 감사합니다~♡

아무리 작은 감사라도 우리를 조금씩 긍정적으로 변화시킵니다.

무심코 스쳐 지나가는 작은 순간에도 내 마음을 감사로 표현하고 있습니다.

배움의 동아리 모임에서 잠시 시간을 맞춰 나를 방문했습니다. 우리 동네는 꽃길, 골프장 둘레길 그리고 작은 솔밭길이 있어 날씨와 계절에 따라 소소하게 즐길 거리가 많습니다.

홍자색의 싸리꽃이 활짝 피어 은은한 향기로 반갑게 웃으며 재잘대는 우리 애기 소리에 스며듭니다. 우리는 꽃향기와 함께 더 풍성하게 행복을 나눕니다.

꽃길을 걸으며 작은 대화 속에 행복을 나누고 자연과 교감하는 순간들이 바로 소소한 기쁨이었습니다. 오늘은 책 읽기까지 잘되어 유난히 기분이 좋은 바람에 맑고 큰소리가 집안에 울려 퍼졌습니다. 잠깐씩 자리에서 일어나 거실과 베란다로 돌아다니며 휘파람도 불어봅니다. 낮에 다녀간 이들의 목소리가 여전히 내 귓가에 울려 퍼지고 있습니다. 컨디션이 좋아 보이는 모습을 보고 가족들도 행복해하니 감사합니다. 시간이 있을 때만 할 수 있는 일들에 바늘땀처럼 세심하게 신경을 쓰며, 마음의 평화와 행복을 소중히 간직합니다.

감사에서 찾은 고전

상선약수(上善若水) : '최고의 선은 물과 같다'는 뜻으로, 물이 만물을 이롭게 하면서도 다투지 않고, 사람들이 싫어하는 낮은 곳에 머무는 겸손함을 지니고 있음을 비유한 표현입니다. 자연 속에서 소소한 순간에 감사하며, 일상에서도 행복을 마음에 담는다는 것은 겸손과 이타심을 실천하는 물의 지혜를 배우는 것 아닐까요?

소소취저(小小取著) : '작은 것을 조금씩 얻는다'는 뜻으로, 작고 일상적인 것에서 만족과 행복을 찾는다는 의미입니다. 일상에서 경험하는 작은 것들에서 기쁨을 찾아보자는 감사 일기의 취지와 깊이 연결됩니다. 친구와 자연을 즐기고 일상에서 특별함을 찾고 일기에 담는다면 바로 소확행의 한 예라 할 수 있겠네요.

고전 필사

오늘 나의 감사 일기

Day 3

사명, 감사하면 달라지는 것!

"감사하는 순간 우리는 삶의 축복을 깨닫게 된다."

- 랄프 왈도 에머슨

소담의 1일 5감사 일기

1. "너희가 온 마음으로 나를 구하면 나를 찾을 것이요 나를 만나리라." - 예레미야 29:13
   답답한 마음을 가지고 장거리를 가던 나에게 가슴에 와닿는 문자 한 줄을 보내준 친구가 있어 감사합니다.
2. 수색에 있는 고객 집 방문차 지하철을 타고 서울 나들이했습니다. 여러 번 갈아타야 하는 거리라 앉아 가기를 기대했지만, 한낮인데도 자리가 없어 서서 한 시간 정도 갔습니다. 오랜만의 장거리 외출인 데다 서서 가니 탈진할 뻔했는데 갈아탄 지하철에서는 자리에 앉을 수 있어 감사합니다.
3. 돌아오는 길, 지하철은 한산했습니다. 운 좋게 계속 앉아서 귀가하여 편안함에 감사합니다.
4. 몸은 안 좋지만, 회복을 위해 감사기도와 기쁜 마음으로 자신을 스스로 조절해 나가는 건강한 정신이 있음을 감사합니다.
5. 오랜만에 장거리 외출을 다녀와 고단했던 하루를 보내고 초저녁부터 단잠을 잘 수 있었습니다. 충분히 잘 자고 일어나 감사합니다~♡

약속을 성실하게 지킬 수 없을 땐 용기를 가지고 솔직하게 표현하는 것이 좋습니다.

오후 1시까지 방문 요청을 받고 지하철로 여러 번 갈아타며 오랜만에 서울 나들이를 즐겼습니다. 고객님은 정성스럽게 차린 식사와 함께 따뜻한 안부를 물으셨습니다. 회복 중이라는 소식에 안도하셨지만, 더 이상 컨설팅 업무를 이어갈 수 없다는 말씀을 드리자 서운해하시는 진심이 느껴졌습니다.

"제가 오래 회복기를 가져야 해서 이 일을 지속할 수 없게 되었습니다."

고객님은
"다른 생각 없이 한 선생님 때문에 여기까지 왔는데 어쩌나."
라며 아쉬움을 표현하셨고, 저도 죄송함과 감사함이 교차했습니다.
진심 어린 대화 속에서 따뜻한 정을 느끼며 순간 코끝이 찡해졌습니다.

감사에서 찾은 고전

심기일전(心機一轉) : '마음의 기운을 다시 새롭게 한다'는 뜻으로, 삶을 새롭게 바라보는 자세로 지금까지의 생각이나 자세를 완전히 바꾸는 것을 의미합니다. 충성 고객님을 오랜만에 뵙고 어려운 얘기를 드리며, 건강을 다시 챙기겠다는 다짐에 잘 맞는 말입니다.

이목지신(移木之信) : '나무를 옮기는 믿음'이라는 뜻으로, 성실한 마음으로 신뢰를 얻는다는 의미입니다. 건강을 회복하고 지키기 위해 자신을 돌보며 꾸준히 감사하는 마음은 나 자신으로부터 신뢰를 쌓는 과정이라 여깁니다.

고전 필사

오늘 나의 감사 일기

Day 4

부부라는 이름으로 산다는 것

"감사는 영혼을 풍요롭게 하고 삶을 깊게 만든다."

-오프라 윈프리

| 소담의 1일 5감사 일기

1. 아침에 내편이 출근하며 식사와 약을 잘 챙기라고 세심하게 체크해 주셔서 감사합니다.
2. 초여름의 햇살이 수줍어하는 나뭇잎을 바람과 함께 춤추게 하며, 살랑살랑 짓궂게 장난치는 듯 하늘과 바람, 나무들이 보기 좋아 감사합니다.
3. 꽃길을 가볍게 산책하며 자연에 나의 몸과 마음을 담아봅니다. 자연으로 가까이 갈수록 건강이 회복되어 가는 것을 느껴 감사합니다.
4. 퇴근하신 내편님이 두 팔을 걷어 집 안 청소를 도와주시고 저녁 준비를 도와주셔서 감사합니다.
5. 부모님께 근심 드리지 않으려고 한동안 전화를 드리지 못했습니다. 이제는 어눌했던 나의 발음이 많이 회복되어 부모님께 전화를 드릴 수 있어 감사합니다~♡

햇살 가득 담고 바람에 흩날리는 연녹색 나뭇잎도 나를 응원하는 우주의 선물입니다.

초여름 햇살 아래 나뭇잎이 바람에 살랑이는 모습을 보면 솜털까지도 간지러워지며 나도 모르게 미소가 지어집니다. 자연과 하나가 된 기분을 오랜만에 느낍니다. 골프장 둘레길에 들어서는데 햇살을 잔뜩 머금고 바람에 흔들리는 꽃잎들이 반갑게 인사하며 안아줍니다.

연녹색 나뭇잎들이 햇살을 가득 담고 바람에 흔들리며 함께 반겨줍니다.

계절이 건네는 다정한 인사는 우리로 하여금 잠시나마 멈춰 서서 바라보는 여유를 가지게 해줍니다. 내가 웃으니 나뭇잎도 유유자적 흔들며 웃어 보입니다. 그 속에서 마음을 편안히 내려놓고, 한참을 걷다 멈추어 파란 하늘과 맞닿은 먼발치의 길 끝자락도 가만히 들여다 봅니다. 호흡을 길게 들이쉬었다 내쉬면서 내면으로 부드럽게 삼켜지는 숨의 느낌이 참 좋습니다.

예전에는 당연하게 여겼을지 모를 이런 순간들. 작은 진전을 통해서나마 가족들에게 나의 안부를 전할 수 있는 것이 참 행복합니다.

| 감사에서 찾은 고전

우공이산 (愚公移山) : '어리석은 노인이 산을 옮긴다'는 뜻으로, 어떤 일이 어려워 보일지라도 끊임없는 노력과 의지로 결국 성과를 이룬다는 의미이지요. 감사 일기에서 등장하는, 일상의 작은 감사가 모여 큰 기쁨을 이루는 과정과 닮았습니다. 건강 회복이나 일상에서의 작은 변화들이 결국 큰 긍정적인 결과로 이어지듯, '우공이산'은 끈기와 노력이 품은 중요한 가치를 전달하는 사자성어입니다.

동병상련 (同病相憐) : '같은 병을 앓고 있는 사람들이 서로 동정하고 위로한다'는 뜻으로, 비슷한 어려움을 겪고 있는 사람들이 서로 공감하고 도와준다는 의미입니다. 가족 간의 배려와 서로를 돕는 모습은 '동병상련'의 정신을 담고 있습니다. 가족이 서로 도와가며 힘을 합쳐 생활의 어려움을 극복하는 모습은 상호 공감과 배려가 돋보이는 장면입니다. 또한, 어려운 순간을 지나며 감사의 마음을 나누는 과정에서 '동병상련'의 따뜻한 교훈을 얻을 수 있습니다.

고전 필사

오늘 나의 감사 일기

Day 5

새롭게 도전하는 승화력

"작은 것에 감사하지 않는 사람은 큰 것에도 감사하지 못한다."

- 에크하르트 톨레

소담의 1일 5감사 일기

1. 몸이 회복되고 나서 오랜 지인인 김 교수님을 만나 기뻤고, 또 새로운 도전에 대해 격려의 말을 듣게 되니 감사합니다.
2. 교수님의 추천으로 새로운 과정에 등록하며 다시금 배울 수 있다는 것이 너무 설레며 감사합니다.
3. 회복을 응원해 주는 친구와 통화는 더욱 고맙습니다. 건강을 되찾아가는 여정에 자신감 넘치는 나 자신을 발견하며 감사합니다.
4. 존 맥스웰의 책을 읽으며 잠시 멈춰서 나 자신을 되돌아보는 순간이 인생에서 얼마나 중요한지를 되새기며 감사합니다.
5. 아직 덜 회복된 몸으로 새로운 도전을 한다고 내편님 걱정이 한 가득입니다. 당신 마음 알지만 무리 안 할 테니 격려해 달라고 솔직하게 말할 수 있는 용기 감사합니다~♡

과거에 겪은 어려움을 오늘 다시 보면 내 삶의 깊이와 균형이 되어 있습니다.

6월 초여름의 상쾌한 날씨 속에서 기분 좋은 웃음을 짓고 있던 순간, 핸드백에서 진동이 울렸습니다. 반가운 친구의 전화였습니다.

"어, 반가워! 무슨 일이야?"

"목소리가 상기됐네. 좋은 일 있어?"

"응! 오랜만에 배움에 도전하게 됐어. 방금 교수님 만나고 내려가는 길이야."

"그래, 배우는 게 그리 좋아? 난 다 귀찮던데."

"귀찮다니! 죽을 때까지 배워야지."

한결 기분이 좋아졌습니다. 돌아가는 길, 존 맥스웰의 『사람은 무엇으로 성장하는가』를 읽으며 '되돌아보기의 법칙'을 통해 멈춤의 의미를 되새겼습니다. 조급했던 마음을 내려놓고, 속도를 늦추며 하나님께 의지하기로 결심했습니다.

"사람이 마음으로 길을 계획할지라도 그 걸음을 인도하시는 이는 여호와시니라." – 잠언 16:9

이 말씀처럼, 계획과 도전 속에서도 하나님이 인도하신다는 믿음을 갖고 하루하루를 감사하며 천천히 걸어가려 합니다. 새로운 여정을 기쁘게 맞이하며 현재의 소중함을 깊이 느낍니다.

감사에서 찾은 고전

행운불락(行雲不落) : '구름은 흘러가며 떨어지지 않는다.' 즉, 꾸준히 나아가면 반드시 좋은 결과가 따른다는 의미지요. 삶에서 어려운 상황이 닥쳤을 때, 한 발 한 발 꾸준히 나아가는 것이 중요하다는 가르침을 줍니다.

유비무환(有備無患) : '준비가 있으면 걱정이 없다'는 의미네요. 어떤 일을 하기 전에 미리 준비하는 것이 중요하다는 교훈을 전달합니다. 꿈이 있고 좋은 계획을 세워도 건강을 잃으면 욕망대로 할 수 없습니다. 학생들이 시험 준비나 미래를 대비할 때, 준비가 되어 있으면 불안하거나 걱정할 일이 없다는 메시지를 담고 있습니다. 이는 청소년들에게 자기 관리와 계획의 중요성을 알려주는 사자성어입니다.

고전 필사

오늘 나의 감사 일기

Day 6

귀인과 의기투합, 꿈을 펼치다

"감사는 우리가 가진 모든 것의 가치를 배가시키는 힘이다."

- 멜로디 비티

소담의 1일 5감사 일기

1. 평생을 꿈꾸었던 것이 현실이 된다는 것은 신의 축복입니다. 건강을 회복하고 2년여 동안 1인 기업 시장에서 새로운 도전을 위해 준비할 수 있어 감사합니다.
2. 오늘은 '인생디자인학교 창립식'입니다. 설립하기까지 응원과 지지를 아끼지 않으신 여러 대표님들, 선생님들 감사합니다.
3. 먼저 행사 규모에 생각이 분분합니다. 서로가 살아온 삶이 다르기에 충분히 이해하는 가운데 조율을 하며 기획부터 마무리까지 면면을 훌륭하게 잘 치를 수 있도록 애쓰신 이사님, 선생님들 애쓰셨습니다. 덕분에 성료할 수 있어 감사합니다.
4. 이 기쁜 자리에 비록 연로하시더라도 꼭 모시고 싶은 부모님을 동생이 잘 모시고 왔습니다. 기뻐하시며 축하를 아끼지 않는 엄마, 아버지. 이렇게 옆에 계셔서 고마운 마음을 전할 수 있으니 감사합니다.
5. "하늘은 스스로 돕는 자를 돕는다."라고 하였던가요. 전국 사방에서 모여든 인파에 안전을 우선으로 하기 위해 행사 3일 전 접수를 마감하고 신의 축복을 느끼며 감사합니다~♡

서로 다르다는 것이 조화의 다른 이름이라는 것을 깨닫는 순간 성장이 시작됩니다.

"이렇게 다를 수 있구나. 그런데 다르니까 더 어울리는 것 같아."

"맞아, 서로가 부족한 부분을 채워주는 게 진짜 조화 아닐까?"

인생을 살아가면서 단순히 흘러가는 대로 살고 싶어 하는 사람은 많지 않을 것입니다. 우리는 누구나 사랑, 성공, 건강, 자아실현 등 다양한 목표를 이루기 위해 노력하며 살아갑니다. 새로운 도전을 통해 자신을 발견하고 성장하기 위해 온 힘을 쏟기도 합니다. 그러나 원하던 대로 일이 풀리지 않거나, 예상치 못한 어려움과 좌절을 마주하기도 합니다.

이럴 때 중요한 것은 자신의 기대와 목표를 현실적으로 바라보는 유연한 자세입니다. 실패나 좌절이 오더라도 차분히 받아들이고, 문제의 본질을 찾아 조금씩 나아가는 태도가 필요합니다. 더불어, 서로 협력하며 꿈을 위해 돕고 나누는 사람들의 지지와 응원이 얼마나 귀한지 깨닫게 됩니다.

감사에서 찾은 고전

이심전심 (以心傳心) : '마음을 가지고 마음을 전한다.' 서로 다른 사람들이 같은 마음으로 이해하고 협력할 수 있음을 의미합니다. 이 사자성어는 감사 일기 속에서 '서로 다른 의견이 있었지만, 세심한 조율과 협력으로 문제없이 마무리할 수 있었다'는 부분과 연결됩니다. 다양한 의견을 가진 사람들이 협력하는 과정에서, 서로의 마음을 전하고 이해하는 것이 중요함을 배울 수 있습니다.

불치하문 (不恥下問) : '아래 사람에게 묻는 것을 부끄러워하지 않는다.' 자기 발전을 위해 겸손하게 배우고 질문해야 한다는 뜻이지요. '새로운 도전을 위해 준비할 수 있어서 감사합니다.' 도전을 시작할 때는 나보다 경험이 많은 사람들에게 배우고, 나의 부족함을 인정하는 자세가 필요합니다. 겸손한 마음으로 배우며 나아가는 것이 성장의 핵심입니다.

고전 필사

오늘 나의 감사 일기

Day 7

초심, 마음을 지켜가는 힘

"감사는 모든 고난을 이겨내는 힘이다."

- 토마스 머튼

소담의 1일 5감사 일기

1. 가보지 않은 길을 두고 함께 도모한다는 것, 계획을 잘 진행해 나간다는 것이 생각처럼 쉽지는 않습니다. 첫 마음을 잃지 않고 잘될 거라는 믿음 속에서 나아갈 수 있음에 감사합니다.
2. 구체적인 운영 방안을 세우며 의기소침해지기도 하고, 내면이 조금 혼란스럽습니다. 원인을 분석하고 추진하려는 일의 본질을 되새겨보며 다소 거리를 두고 차분히 생각할 시간을 가질 수 있어서 감사합니다.
3. "밖의 일은 가정으로 들여오지 않는다." 특히 안 좋은 일은 더 그렇습니다. 이것은 나의 원칙입니다. 저녁에 된장찌개를 준비하는 동안 내편님이 삼겹살 구워 주어 푸짐하고 따뜻한 밥상이 완성된 것을 감사합니다.
4. 콘텐츠 마케팅과 운영에 관한 아이디어 회의를 진행하며 혼란스러웠습니다. 머릿속이 어지러울 때는 사색 의자에 앉거나, 목욕을 하거나, 잠을 자며 정리합니다. 오늘은 일찍 잠에 들 수 있어서 감사합니다.
5. 감사 일기를 쓰고 나니 마음이 한결 가벼워졌습니다. 평안한 마음으로 잠자리에 일찍 들 수 있어서 감사합니다~♡

숱하게 마주하는 난관들을 이겨내는 힘은 처음 먹었던 마음을 잃지 않는 것입니다.

새로운 길을 함께 도모하고 첫 마음을 다잡으며 차분히 일을 진행합니다. 구체적인 운영 방안을 세우다 보면 예상치 못한 난관에 부딪히는 일도 있습니다. 그런 순간마다 욕망과 달리 내면이 혼란스러울 수밖에 없죠. 이럴 땐, 스스로 거리를 두고 차분히 생각하는 시간도 필요합니다. 나 혼자의 독백입니다.

'새로운 길을 개척하는 게 말처럼 쉬운 일은 아니야. 불안하기도 하고, 계획대로 되지 않을 때도 많고…. 마음을 다잡고, 잘될 거라고 믿고 나아가잖아! 그게 중요한 거지. 초심을 잃지 않는다는 것이 나의 강점이니. 생각보다 운영이 복잡하니까 계속 머릿속이 시끄럽고, 나도 모르게 의기소침해질 때가 있더라. 그래도 원인을 분석하면서 차분하게 시간을 갖고, 실망하지 않으려고 애쓰는 거, 그거 정말 잘하는 거야.'

혼란스러운 순간이 찾아올 때마다 때로는 잠을 통해서, 때로는 사색 의자에 앉아 무의식의 시간으로 빠지도록 나를 맡깁니다. 감사 일기를 쓰고 나서 마음이 한결 가벼워지는 순간을 느끼고, 더 나은 하루를 기대하는 모습이 참 인상적입니다.

감사에서 찾은 고전

초심불망(初心不忘) : '처음 가졌던 마음을 잃지 않는다'는 뜻으로, 새로운 도전을 시작할 때 첫 마음을 잃지 않고 계속 달려가는 모습에 어울리는 사자성어입니다. '첫 마음을 잃지 않고 잘될 거라는 믿음'을 가지고 나아가는 모습과도 잘 맞습니다.

화이부동(和而不同) : '서로 조화를 이루지만 같아지려 하지는 않는다'는 뜻으로, 각자 의견이 다를 때 서로 이해하고 조율하며 조화를 이루어 가는 모습을 잘 나타냅니다. 감사 일기에서 서로 의견이 다르지만 조율하며 협력하는 모습과 어울립니다.

고전 필사

오늘 나의 감사 일기

CENTRAL PARK

"감사는 우리가 서로 연결되어 있고,
함께 더 큰 것을 이룰 수 있다는 것을 상기시켜줍니다."
-버락 오바마

Day 8

나를 성장시키는 루틴! 감사

"감사는 마음을 풍요롭게 만드는 최고의 향기다."

- 조지 마티아스

소담의 1일 5감사 일기

1. 매일 5가지 감사할 일을 기록하면서 마음이 평온해지고, 스스로가 성장하는 것을 느낍니다. 하루의 시작을 긍정적으로 만들어 줘서 감사합니다.
2. 매일 감사 일기를 쓰면서 사람들의 이야기를 더욱 경청하고, 너그러워지는 제 모습을 발견합니다. 매사에 지혜롭게 문제를 해결해 나갈 수 있어 감사합니다.
3. "나는 하는 일마다 잘 풀리며, 꿈에 더 가까이 가고 있어 너무 행복하다." "나는 매일 모든 면에서 점점 더 좋아지고 있다." 이런 긍정문을 외우니 하루하루가 즐겁고 감사합니다.
4. 감사 일기는 좋은 에너지를 이끌어 주는 기적과 같은 많은 경험을 주어 실행하는 사람만이 알 수 있습니다. 바람직한 에너지를 나로부터 경험하는 일들로 나눌 수 있음에 감사합니다..
5. 암 수술을 받으신 아버지께서 어머니의 정성 어린 간호와 동생 부부의 돌봄 덕분에 나이에도 불구하고 건강을 회복해 가시는 모습을 보며, "나는 점점 더 나아지고 있다."라고 매일 되뇌도록 가르쳐 드렸는데 잘 따라 하심에 감사합니다~♡

매일 반복하는 습관은 성장이라는 우물에 1%씩 채워줍니다.

나: "생각보다 어렵지 않아. 매 순간 그냥 온 건 아니더라. 그러니 감사할 수밖에. 여기에서 매일 감사할 일 다섯 가지만 적어 보는 거야. 사실은 이보다 훨씬 많지."

친구: "그렇구나. 나도 오늘부터 당장 해봐야겠다."

나: "그래. 잘했어. 내 개인 톡으로 해도 돼. 내가 너한테 보내는 것처럼. 난 하루 12감사를 3개월 한 적도 있어. 물론 33감사도 할 수 있는데

기록하는 데 시간이 너무 오래 걸리고 다른 일에 지장이 생길 수도 있겠더라고. 그러면 좀 곤란하겠지. 그래서 5감사로 절제하는 거야."

친구: "고마워. 사실 지나고 나면 우린 맨날 그날이 그날로 살아온 것 같은데 너처럼 이렇게 기록해 놓으면 오랜 세월이 지나도 오늘 일처럼 또 감사할 수 있다는 것도 좋은 거 같아."

하루에 5가지 감사한 일을 기록하는 간단한 습관은 마음을 평온하게 해주고, 나도 모르게 성장하고 있음을 느끼게 해줍니다.

감사에서 찾은 고전

자강불식(自强不息) : '스스로 힘을 써서 멈추지 않는다'는 뜻으로, 지속적인 자기 계발과 성장을 추구하는 자세를 강조하는 사자성어입니다. 확언을 사용해 감사함으로써 자신에게서 부정적인 생각과 두려움, 귀찮음 등을 날려버리는 겁니다.

만사형통(萬事亨通) : '모든 일이 순조롭게 잘 풀린다'는 뜻으로, 긍정적인 마음으로 하루를 대하며 일상이 즐겁게 풀리는 모습을 표현합니다. 그날그날은 긍정적인 마음을 가질 수 있지만 과거를 돌이켜 보면 무의미하게 살아온 것으로 자신을 깎아내리는 경우가 생깁니다. 감사 일기를 기록해 놓으면 5년 전의 오늘이 마치 바로 지금의 일처럼 떠올라 또 감사하게 됩니다. 결국, 인생은 과거와 현재 그리고 미래가 일직선이 아니고 원처럼 연결되어 돌고 돈다는 것을 이해한다면 5년 전 감사가 오늘의 감사처럼 나를 행복하게 할 것입니다.

고전 필사

오늘 나의 감사 일기

Day 9

초지일관의 마음으로 감동

"감사는 상대를 있는 그대로 보는 사랑이다."

-감사마스터 소담 한만정

소담의 1일 5감사 일기

1. 내편과 나란히 예배를 드린다는 것이 기쁘고 감사해서 마치 구름 속을 유유히 나는 듯한 느낌입니다. 처음 결혼했을 때의 따뜻한 마음으로 예배를 드릴 수 있어 감사합니다.
2. 예배를 마친 후, 기억력 스포츠 리더로서 사전 준비하러 갔습니다. 일찌감치 오신 한 분이 도와주셔서 일이 수월하게 마무리 되어 감사합니다.
3. 주일 오후에도 부산, 울산에서까지 오셔서 함께 비전을 공유할 수 있는 기회가 주어져 감사합니다.
4. '기억력 스포츠'라는 새로운 분야에 도전하는 것을 신기해하고 흥미로워 하시는 선생님들을 뵙고, 좋은 경험을 안내해 주신 김 대표님께 진심으로 감사드립니다.
5. 처음 하는 일이라도 서로 협력하여 즐겁게 준비하고 진행하게 되어 감사합니다~♡

신혼 때로 돌아가 보는 시간은 처음에 얼마나 소중하고 숭고하게 시작했는지 기억나게 합니다.

"이번 주 예배, 정말 은혜로워 좋았어요. 당신과 함께 예배드리니, 마치 신혼 때로 돌아간 기분이었어요."

"응, 목사님 말씀 참 좋더라."

"맞아요. 그러니 앞으로도 저랑 꾸준히 교회 나가요."

"알았어."

고마운 내편님….

예배 후 주말에 있을 포럼 준비를 위해 사무실에 나갔습니다.

선생님들과 김 대표님의 아낌없는 지원에 감사한 마음이 가득했습니다. 따뜻한 대화가 이어지는 가운데, 토요일 포럼 준비는 이미 완벽하게 마무리되어 있었습니다. 주일임에도 시간을 내어 수고해 주신 선생님들과 함께 커피숍으로 이동해 즐거운 대화를 나눴습니다.

그 자리에서 운영에 도움될 아이디어와 더 나은 성장을 위한 유익한 안건들도 주고받았습니다. 마치 가족 같은 마음으로 서로를 격려하고 응원하는 모습은 이루지 못할 일이 없을 것처럼 느껴졌습니다. 특히, 멀리 지방에서 오신 분들 덕분에 서로를 더 반갑고 고마운 마음으로 맞이하며 깊은 유대감을 나눌 수 있었습니다.

감사에서 찾은 고전

호연지기(浩然之氣) : '하늘과 땅 사이에 가득 찬 넓고 큰 원기, 혹은 거침없이 넓고 큰 기개.' 라는 뜻입니다. 예배와 사람들과의 만남에서 감사와 긍정적인 마음을 넓게 가져가는 모습에 잘 어울립니다.

시종일관(始終一貫) : '처음부터 끝까지 한결같다'는 뜻으로, 일관된 마음가짐으로 목표를 이루어가는 자세를 의미합니다. 주일 예배나 일상에서 감사의 마음을 한결같이 지니며 성장하는 모습을 떠올릴 수 있습니다.

고전 필사

오늘 나의 감사 일기

Day 10

유유상종으로 협력하는 힘

"감사하는 마음을 갖는 순간, 기쁨이 문을 열고 우리 안에 들어온다."

-릴리 톰린

소담의 1일 5감사 일기

1. 서울의 거리는 대중교통망이 아주 잘 되어 있습니다. 차 없이 대중교통을 이용해 주차 걱정 안 하고 차 막힘 걱정 없이 약속 시간에 정확히 도달할 수 있어서 감사합니다.
2. 멀리 남양주에서 직장 생활을 하시면서도 매주 2회 서울로 오셔서 저녁 미팅에 참석하는 강 이사님의 열정과 협력에 대해 늘 감사합니다.
3. 수입 대비 지출이 리스크가 되어 차를 없앴다는 이야기에 안타까워하시며, 우리 일이 빨리 정착되도록 힘쓰자는 강 이사님의 격려와 위로가 더욱 감사하게 느껴집니다.
4. 밤거리가 살짝 선선해져서 시원한 바람을 느끼며, 회의 후 감자전과 파전 그리고 맥주 한 잔씩 하며 일에 관한 대화를 할 때만큼의 열정으로 일상적인 대화를 나누며 회포를 풀 수 있는 시간도 가질 수 있어 감사합니다.
5. "친구가 좋다, 난 네가 좋다, 우리가 가는 방향도 하는 일도 좋다." 1월에 시작해서 정신없이 달려왔고, 어느새 10월. 모든 것이 이대로만 가도 그저 좋아 감사합니다~♡

같은 일을 좋아하고 같은 마음으로 노력하는 사람끼리는 서로 큰 힘이 됩니다.

매일을 감사하며 살아가다 보면 소소한 일도 새롭게 느껴지는데, 최근에는 대중교통의 편리함을 깨닫고 차를 팔아볼까 하는 생각이 들었습니다.

"서울에서는 대중교통이 약속 시간을 지키기엔 제일 편하죠. 주차 걱정도 없고요."

"맞아요. 그래서 차를 팔려고요."

이야기를 나누던 강 이사님이 눈치 빠르게 웃으며 말했습니다. "그런데 막상 차 없으면 불편하지 않겠어요?"

"가끔 그렇기도 하겠지만 오히려 가볍게 다닐 수 있어 좋을 것 같아요."

밤 바람이 선선해지는 거리에서 팔짱을 끼고 나눈 대화는 서로에게 위로와 격려가 되었습니다.

"두 사람이 한 사람보다 나음은 그들이 수고함으로 좋은 상을 얻을 것임이라. 혹시 그들이 넘어지면 하나가 그 동무를 붙들어 일으키려니와 홀로 있어 넘어지면 붙들어 일으킬 자가 없으리라." – 전도서 4:9–10

전도서의 말씀처럼, 함께 걸으며 나눈 이야기 속에서 서로를 붙들어주는 마음의 따뜻함을 느낄 수 있었습니다.

감사에서 찾은 고전

대기만성(大器晩成) : '큰 그릇은 늦게 이루어진다'는 뜻으로, 큰 인물이 되려면 많은 시간과 노력이 필요하다는 의미입니다. 강 이사님의 열정과 꾸준한 노력에 이 사자성어가 잘 어울립니다.

유유상종(類類相從) : '같은 종류끼리 모인다'는 뜻으로, 비슷한 사람들끼리 모여 서로의 생각이나 성향을 이해하며 함께한다는 의미로서, 친구에 대한 고마운 마음으로 여기는 모습 속에서 서로 함께 나누는 대화나 함께 일하는 동료들 간의 관계에서 표현할 수 있는 말입니다.

고전 필사

오늘 나의 감사 일기

May 11

하늘을 공경하고 사람을 사랑한다

"감사는 삶의 본질을 채워주는 소중한 요소다."

- 마틴 루터

소담의 1일 5감사 일기

1. 아침에 밝은 햇살이 창문 틈으로 새어 들어오는 것을 보며 최대한 기지개를 켜고 몸의 모든 기능에 고마워하며 하루를 기분 좋게 시작할 수 있어서 감사합니다.
2. 아버지께서 카톡으로 "오늘은 어느 하늘 아래서 수고하느냐?" 하고 안부를 물으셨습니다. 짧은 글 속에 가득 담긴 아버지의 존재와 자식을 향한 마음을 느낄 수 있어 감사합니다.
3. 모든 환경과 여건을 긍정적으로 보니 불평 없이 살아갈 수 있는 지금의 삶이 사랑스럽고 감사합니다.
4. 하는 일들이 순조롭게 풀리며, 함께 애쓰고 있는 강 이사님께 감사드립니다. 우리의 사명과 가는 길이 반짝반짝 빛나는 하루가 되니 감사합니다.
5. 올해 초 최용균 소장님의 새해 인생 설계 교육과정에서 만난 성OO 코치님과의 인연은 든든한 언니를 선물 받은 것 같습니다. 함께 감사 교육과정을 추진하게 되어 감사합니다~♡

부모님은 항상 나보다 내 마음을 먼저 아십니다.

밝은 아침 햇살을 보며 하루를 시작할 때, 마음이 평화롭고 행복합니다. 아버지의 짧은 카톡 안부 속에서 느껴지는 깊은 사랑은 늘 저를 따뜻하게 감싸줍니다. 때로 엄마가 심통이 나셨을 때는 아버지가 몰래 카톡을 보내십니다.

"니 엄마가 심통이 났구나. 모른 척하고 전화하여라."

그 메시지가 얼마나 정겹고 고마운지 모릅니다. 전화를 드리면 엄마는 천진스럽게 응대하시지만, 목소리로 금세 마음 상태를 알 수 있습니다.

"엄마, 이번 주말에 잠깐 뵈러 갈게요. 우리 엄마 사랑해요."

엄마와 아버지가 도시 생활에 잘 적응하시길 바라는 마음은 모든 자녀의 기도 제목입니다. 주말에는 부모님을 모시고 근교로 나가 맛있는 음식을 대접하며 시간을 보냅니다.

지난달에는 백운호수 공연장에서 부모님이 어깨춤을 추시며 흥겨워하는 모습을 영상으로 담아드렸습니다.

"농촌에 살다 도시로 와 보니 참 많이 배운다. 니가 이렇게 다니게 해줘서 고맙다."

아버지의 말씀은 제 마음 깊이 울려옵니다. 부모님과 함께하는 시간이 더 소중하게 느껴져 더 자주 모시고 다녀야겠다는 다짐을 하게 됩니다.

| 감사에서 찾은 고전

경천애인(敬天愛人) : '하늘을 공경하고 사람을 사랑한다'는 뜻으로, 부모님을 공경하고 사람을 사랑하며, 타인과의 관계에서도 감사와 존중을 실천하는 태도를 의미합니다. 부모님께 효도하는 마음과 주변 사람들에게 감사하는 마음을 함께 표현하는 데에 적합한 사자성어입니다.

인연무상(因緣無常) : '모든 인연은 한결같지 않다'는 뜻으로, 사람과의 만남과 이별이 늘 변하니, 지금의 인연을 소중히 하라는 의미입니다. 신년 인생 설계 과정에서 만난 인연으로 감사 교육과정까지 함께 열게 된 분들을 소중히 여기는 마음을 담았습니다.

고전 필사

오늘 나의 감사 일기

Day 12

소확행, 감사한 여정을 걷는다

"감사는 마음의 태도이자 삶의 방식이다."

- 윌리엄 제임스

소담의 1일 5감사 일기

1. 주말 새벽 독서 모임을 마치고, 잠시 쉬면서 피로를 풀 수 있는 여유로운 아침 시간을 가질 수 있어서 감사합니다.
2. 오랜 친구와 함께 이른 점심으로 오리백숙을 먹고 잠깐 찻집에서 친구의 고충을 들어주고 이야기를 나눌 시간이 생겨서 감사합니다.
3. 오후에 부모님을 찾아가 아버지의 다리를 주물러 드리고, 어머니와 아버지와 함께 그림을 그리고 노래를 부르며 행복한 시간을 보낼 수 있어서 감사합니다.
4. 부모님 댁에서 나오며 "엄마, 아버지, 늘 지금처럼만 계셔도 좋겠어요." 라고 인사드리며 마음이 뭉클했습니다. 두 분이 앞으로도 건강하시기를 기도하며 곁에 계심에 감사합니다.
5. 엊그제 전화할 때보다 부모님께서 한결 편안한 모습이셔서 온 세상이 새롭게 느껴집니다.
   하늘을 보고 새로운 감동을 느낄 수 있어서 감사합니다~♡

보도블록 틈새로 올라온 풀이 눈에 띄면 행복한 날입니다.

하루하루 가족의 소중함과 여유에 감사하며 지내는 요즘, 마음이 한결 평온합니다. 새벽 독서 모임을 마치고 오랜만에 충분히 쉰 시간은 재충전의 소중함을 다시금 느끼게 해줍니다. 이런 휴식이야말로 앞으로 나아갈 수 있는 좋은 에너지를 충전하는데 그만입니다.

부모님 찾아 뵙기전 오랜 친구와 만나 이른 점심으로 오리백숙을 먹었습니다. 친구가 털어놓은 마음속 깊은 이야기들은 우리 사이를 더 끈끈하게 만들었죠. 혼자가 아니라 함께하는 소중함을 느끼며 서로에게 위로가 되는 시간입니다.

오후에는 부모님 댁에 들러 아버지의 다리를 주물러 드리고, 엄마와 함께 그림을 그리고 노래를 부르며 즐거운 시간을 보냈습니다. 가정이라는 가장 따뜻한 터전에서 부모님과 함께 한 시간이 큰 위안이 되었습니다.

이렇게 부모님과 시간을 보내고 돌아오는 길, 하늘을 보며 마음이 한결 가벼워졌습니다. 가끔 삶이 힘겨울 땐 부모님을 찾아뵈어 어린아이처럼 놀다 보면, 복잡했던 마음이 스르르 풀립니다. "엄마, 아버지"라고 부르는 것만으로도 편안함을 주는 이 따뜻한 천륜이야말로 신이 주신 축복이 아닐까요? 돌 뿌리 사이를 비집고 나오는 풀잎까지도 예쁘게 보이는 오늘.

감사에서 찾은 고전

동고동락(同苦同樂): '괴로움과 즐거움을 함께 나눈다'는 뜻으로, 부모님이나 친구와 좋은 시간을 함께 보내며 서로의 마음을 나누는 것을 의미합니다. 함께하는 즐거움과 보살핌이 큰 의미로 다가올 때 사용하기 좋습니다.

존심양지(存心養志): '마음을 바르게 하고 뜻을 키운다'는 의미로, 여유롭고 감사한 마음으로 하루를 보내며 자신이 좋아하는 것을 키워가고, 소중한 시간을 쌓아가는 것을 나타냅니다. 부모님을 생각하며 좋은 마음을 지니는 자세를 강조합니다.

고전 필사

오늘 나의 감사 일기

Day 13

인생코치가 되어 세상과 나누다

"삶의 위기를 이기는 비밀은 감사하는 것이다."

- 랄프 왈도 에머슨

소담의 1일 5감사 일기

1. 코칭으로 만난 고객이 긍정적인 피드백을 주셨습니다. 한 마디 한 마디가 저에게 큰 힘이 되었고, 그들의 성장과 변화가 내게도 큰 기쁨이 되어 감사합니다.
2. 10월 6일 포럼 초대 강사님과 강연 관련 사전 미팅을 마치며 가슴이 뭉클하고 함께하실 수강자들께 특별한 포럼이 될 것으로 기대되어 감사합니다.
3. 지인께서 인생디자인학교 운영에 도움이 될 도서를 3권이나 보내주셔서 완전 감동했습니다. 감사합니다.
4. 내편님께서 하시던 일에 어려움이 생겨 힘들어하셔서 고민을 들어만 드렸는데 한결 편안해졌다는 말에 안심되었습니다. 감사합니다.
5. 딸아이의 사표가 수리되어 새로운 계획에 들떠있는 모습에 오히려 걱정이 되지만 문제를 슬기롭게 잘 해결해내는 성격으로 이번 일도 잘해낼 거라 믿으며 딸의 편안해하는 모습을 볼 수 있어 감사합니다~♡

성장하는 길을 알려주며 함께하는 것은 인생 최고의 가치일 겁니다.

삶의 오랜 세월에서 자신을 돌보기보다 가족과 세상이 원하는 삶으로 집중하며 살아오다가 문득 거울 앞에 선 자신을 보고 소스라치게 놀랐다는 고객님. 잃어버린 자기 인생을 어떻게 찾을 수 있을까 그날로 방황이 시작되고 우울한 삶으로 이어지는 여러 날을 지내다가 네이버에서 '인생 코치'라는 말에 희망을 걸고 전화하셨다고 합니다.

이렇게 해서 고객님과 인연이 되어 8개월가량 인생 코칭을 진행했습니다. 그사이에 독서 모임에도 나가시고, 웃음 강사 자격증도 취득하셨습니다. 내년에는 사이버대학 학사 공부도 시작하시겠다는 계획도 세우셨습니다. 자신을 찾아가시는 고객님의 말이 내 마음에 큰 울림을 줬어요. 그분이 변화되기 시작하고, 조금씩 나아가는 모습을 보면 정말 뿌듯해요.

그분에게 내가 조금이라도 도움이 될 수 있었다면, 그게 저에게는 큰 기쁨이니까요. 한 번 살다 가는 인생, 나의 삶을 살고 있다고 생각되면 우린 행복의 조건 중에 가장 큰 몫을 이루고 산다고 할 수 있지 않을까요. 그렇게 살도록 도와드리는 게 나의 사명입니다. 뜨거운 가슴이 날마다 타오릅니다. 그저 오직 감사일 뿐입니다.

감사에서 찾은 고전

군계일학(群鷄一鶴) : '닭들 사이에 있는 한 마리의 학'이라는 뜻으로, 뛰어난 능력을 가진 사람이 평범한 사람들 사이에서 돋보인다는 의미로 쓰입니다. 이 사자성어는 힘들거나 평범한 가운데서도 감사의 마음을 표현하는 데에도 사용될 수 있습니다.

자화자찬(自畫自讚) : '자신이 한 일이나 성과를 스스로 칭찬한다'는 의미로, 자신이 이루어낸 성과나 도움을 받은 일들에 대해 감사하는 마음을 표현하는 것과 연결됩니다. 내가 한 노력들이 누군가에게 기쁨과 변화의 계기가 되었다는 사실에 자기 효능감을 발견하게 됩니다.

고전 필사

오늘 나의 감사 일기

Day 14

공감과 중용, 좋은 인간관계

"감사는 순간을 소중히 여기며 삶을 축복으로 만드는 지혜다."

-헨리 나우웬

소담의 1일 5감사 일기

1. 독서 모임 중 한 회원이 감기에 걸려 모두가 걱정하고, 몸에 좋은 것들을 추천하며 따뜻하게 응원해 주는 모습이 감사했습니다.
2. 늦은 밤. 바람이 쌀쌀한 방배동 거리를 걸으며 발걸음이 바쁩니다. 차가운 바람이 스며들지 않도록 옷깃을 잘 여미고 집까지 안전하게 귀가할 수 있어 감사합니다.
3. 사람들 사이에 갈등이 있어 어려운 순간을 공감과 중용의 지혜로 편안하게 상황을 이끌 수 있어 감사합니다.
4. 내일 송년회에 많은 분들이 신청해 주셔서 추운 날씨쯤이야 가볍게 이길 수 있겠습니다. 따뜻한 마음으로 소중한 인연들을 다시 만날 생각에 감사합니다.
5. 많은 분들이 인생디자인학교와 저희를 지켜보며 응원해 주시고, 그들의 기대와 기다림이 큰 힘이 되어 감사합니다~♡

나를 위한 따뜻한 배려와 응원을 나도 누군가에게 전할 수 있다는 것은 행복입니다.

일상 속에서 나누는 작은 배려와 따뜻한 마음이 얼마나 소중한지 감사일기를 통해 다시 느끼고 있습니다. 독서 모임에서 한 회원이 감기에 걸렸을 때, 모두가 건강을 챙기며 따뜻한 배려를 나누는 모습이 정말 감동적이었어요.

"함께하는 분들이 서로 챙겨주니 정말 따뜻해지네요."

"감기 빨리 나으시길 기도할게요."

"모두들 걱정해주셔서 감사합니다."

저녁 교육을 마친 후 방배동의 쌀쌀한 밤거리를 걸으며, 겨울에는 몸과 마음을 건강하게 해야 할 필요성을 느꼈습니다.

지하철을 타고 가다 교육생이 전화로 고민을 털어놨습니다. 사람 사이의 갈등을 어떻게 슬기롭게 해결할지 고민했지만, 그분의 화가 가라앉을 수 있도록 하룻저녁 자고 다시 통화하기로 했습니다. 전화를 끊고 송년회 준비를 하며 회원 등록 리스트를 살펴봤습니다. 많은 분들이 참석 의사를 밝혀 등록해 주셔서 기분이 매우 좋습니다.

인생디자인학교는 함께 응원해 주는 분들 덕분에 계속해서 나아갈 수 있음을 느끼며 감사의 마음을 갖고 있습니다.

감사에서 찾은 고전

동고동락(同苦同樂) : '함께 괴로움과 즐거움을 나눈다'는 뜻으로, 어려움과 기쁨을 나누며 서로를 아끼는 따뜻한 마음을 나타냅니다. 감기 걸린 동료를 걱정하며 따뜻하게 챙기는 모습에 잘 어울리는 표현입니다.

이심전심(以心傳心) : '마음에서 마음으로 전하다'라는 뜻으로, 말을 하지 않아도 서로 마음이 통하는 것을 의미합니다. 이는 서로가 서로를 이해하고 공감하는 정도를 넘어서서, 말하지 않아도 상대방의 마음을 알아차리는 것을 말합니다. 이심전심은 깊은 이해와 소통 그리고 감정적인 연결을 나타내는 표현으로 사용됩니다.

고전 필사

오늘 나의 감사 일기

"매일의 작은 일들에 감사하는 마음을 가지면 삶이 새롭게 보인다."

- 알버트 슈바이처

Day 15

코로나 팬데믹의 위급상황

"감사는 고통을 이기는 관점 전환의 새로운 통로이다."

- 감사마스터 소담 한만정

소담의 1일 5감사 일기

1. 연말 행사와 교육과정 마무리로 일정이 바쁘지만 시간을 조정하여 슬로우 조깅과 사색시간 가져 나를 돌아보며 건강을 챙길 수 있어 감사합니다.
2. 글로벌 단체 행사에 참여하여 관계자들과 인사를 나누고, 규모 있게 진행되는 일들을 보며 많은 것을 느낄 수 있어 감사합니다.
3. 12월이 깊어지며 날씨가 많이 쌀쌀해졌습니다. 따뜻한 옷과 좋은 환경 덕분에 감기에 걸리지 않고 보온을 유지할 수 있어 감사합니다.
4. 뉴스에서 전해지는 사망 사고와 고통받는 이들에 대한 소식을 들으며, 이 사태의 원인을 찾기 위해 노력하는 전문가들과 정부에 감사합니다.
5. 뉴스를 통해 전 세계적으로 사망자가 속출하는 소식이 24시간 내내 빠르게 전달되며, 긴급상황을 알리는 기자들의 수고와 안전을 위해 기도할 수 있어 감사합니다~♡

어려울수록 서로 믿어주는 것은 함께 위기를 이겨나가는 힘입니다.

연말의 바쁜 일상이 계속되고 있습니다. 연말 행사와 교육 일정이 겹쳐서 몸과 마음이 분주하지만, 그 속에서도 운동할 시간을 조금이라도 내려고 노력하고 있습니다. 바쁜 중에도 건강을 챙기고, 기쁨을 나누는 일이 얼마나 중요한지 새삼 느끼게 됩니다. 가끔은 혼자서 "일정이 빠듯해도 운동을 빼먹지 않고 챙길 수 있다니, 몸도 마음도 더 건강해지는 기분이야!"라고 웃으며 어깨를 으쓱해 봅니다.

12월의 저녁 무렵은 정말 쌀쌀했어요. 추운 날씨 속에서도 따뜻하게 입고 건강을 유지할 수 있다는 것이 얼마나 감사한지 다시 한번 느끼게 됩니다. 이렇게 일상의 편안함과 안전함에 감사함을 느끼며, 따뜻한 환경에 대한 고마움을 잊지 않으려고 합니다.

그런데 요즘 전 세계적으로 긴장을 일으키는 바이러스 소식이 정말 걱정됩니다. 인명 피해가 있었다는 소식도 들려오고, 하루빨리 상황이 나아지기를 바라는 마음으로 뉴스를 자주 확인합니다. 정부와 석학자들, 위기관리 전문가들이 믿을 수 있는 정보를 제공하며 국민들이 안정된 생활을 할 수 있도록 잘 이끌어주기를 바랍니다.

감사에서 찾은 고전

구사일생(九死一生) : '아홉 번 죽을 뻔하다 살아나다'라는 뜻으로, 여러 차례의 위기를 겪고도 간신히 살아남는 것을 의미합니다. 구사일생은 인생에서 큰 위기를 극복하고 살아남은 경험을 강조하며, 종종 행운과 기회의 소중함을 상기시키는 용어로 사용됩니다.

백절불굴(百折不屈) : '백 번 꺾여도 굽히지 않는다'는 뜻으로, 아무리 어려운 일이 있더라도 굴하지 않고 견뎌내는 마음을 표현합니다. 강한 의지와 불굴의 정신을 가진 사람을 묘사하는 표현입니다. 어떤 어려움이 있더라도 포기하지 않고 끝까지 버티며 목표를 향해 나아가는 모습을 나타냅니다.

고전 필사

오늘 나의 감사 일기

Day 16

위기, 이기는 힘

“감사는 삶을 긍정으로 물들인다.”

- 오스카 와일드

소담의 1일 5감사 일기

1. 세계 인류를 위해 기도하는 자리를 지키며, 두려움과 고통에 호소하는 사람들이 점점 늘어납니다. 이 어려운 시기에 더욱 간절히 중보 기도할 수 있음에 감사합니다.
2. 뉴스에서처럼 위험한 상황이 주변에서도 발생할 수 있을 텐데 모두가 서로 건강을 염려하고 응원해 주니 위로가 되어 감사합니다.
3. 회의 시간에 교육장 임대 문제로 걱정이 많았지만, 발 벗고 찾아다니며 우리가 들어갈 좋은 장소가 있을 것이라 믿으며 열정을 낼 수 있음에 감사합니다.
4. 전 세계적으로 바이러스가 퍼져 긴장감이 더해지는 상황을 고려하여, 교육장 임대 문제를 유연하게 판단할 수 있어 감사합니다.
5. 저녁에 가족이 모여 각자 얻은 정보와 생각을 나누며 뉴스의 내용을 이야기할 수 있어 감사하고, 다양한 시각에서 바라보는 가족들의 조언이 큰 도움이 되어 감사합니다~♡

불안하고 위태로운 상황에서 서로를 지지하는 동료와 가족이 있으면 든든합니다.

미팅이 있는 날입니다. 모두 둘러앉아 회의를 시작했습니다.

"세계가 어려운 시기에 우리가 할 수 있는 일은 작은 것일 수 있지만, 마음을 다해 기도하는 것만으로도 큰 힘이 될 것입니다. 교육장 임대 문제는 당분간 보류해야겠습니다. 차선책으로 준비해야겠습니다."

"어떤 게 있을까요? 서두르지 말고 잠시 지켜보도록 하죠."

"네, 임대는 서두르지 않되 우리가 진행하려 했던 것들은 그대로 차질 없이 진행해야지요."

"어떤 방법이 있을까요?"

"온라인으로 하는 방법을 찾아야지요. 아마도 그게 해결책이 될 것 같습니다."

"그게 가능할까요?"

"교장님 생각이 옳은 것 같습니다. 저도 그렇게 생각합니다만 그런데 온라인으로 어떻게 진행된다는 건지 이해가 안 됩니다."

"아, 제가 20여 년 전에 온라인으로 커뮤니티 운영을 했던 경험이 있어서 할 수 있어요."

교육장 임대 문제와 세계적으로 예기치 않은 일이 생겼으니 함께 문제를 해결하기 위해 노력하는 모습들이 실무를 담당하는 나에게 큰 힘이 되었습니다.

| 감사에서 찾은 고전

동병상련(同病相憐) : '같은 병을 가진 사람들이 서로를 불쌍히 여긴다'는 뜻으로, 비슷한 어려움이나 고통을 겪는 사람들 사이에서 서로 공감하고 동정하는 마음입니다. 동병상련은 서로에게 위로와 힘을 주는 긍정적인 감정을 나타냅니다.

위기일발(危機一髮) : '위기의 한 순간'이라는 뜻으로, 매우 위험한 상황이나 절체절명의 순간을 나타냅니다. 이는 어떤 일이 일어나기 직전의 긴박한 상태를 의미하며, 매우 위험한 상황에 직면한 것을 묘사할 때 사용됩니다. 세계가 감염 바이러스로 생명이 왔다 갔다 하는 공황상태라 정확한 뉴스 전달이 중요하고 국민은 이에 대한 대응이 절실해지고 있습니다.

고전 필사

오늘 나의 감사 일기

Day 17

온고지신, 흔들리지 않는 리더십

"감사는 우리의 시선을 희망과 기쁨으로 이끈다."

- 조지 마티오스

소담의 1일 5감사 일기

1. 아침의 여유. 따뜻한 커피 한 잔과 함께 찬양을 따라부르며 온 집안을 채우니 감사합니다.
2. 진로 코칭 고객과 줌(Zoom)으로 만남을 가졌습니다. 오랜 시간 고민해 온 이야기를 나누며 고객님이 스스로 정리해 나가도록 이끌어 주며 잘 따라오는 고객님께 감사합니다.
3. 오후 미팅. 코로나19로 인해 줌 덕분에 동선의 편리한 혜택을 느끼며 감사합니다.
4. "행복의 문을 여는 열쇠는 감사이다."라는 명언을 창작해서 선생님들과 나눔 감사합니다.
5. 일과가 일찍 끝나 홀로 책 읽는 시간을 가졌습니다. 최종엽 교수님의 『원려, 멀리 내다보는 삶』을 완독하며 어떤 위기와 불안 속에서도 흔들리지 않는 전략의 중요성을 깨닫게 되어 뿌듯한 마음으로 감사합니다~♡

리더는 위기의 순간에 뒤로 물러서지 않고 과감하게 나가는 사람입니다.

코로나19가 일상에 미치는 충격이 너무 커 그에 대응하기 위한 노력이 절실합니다. 전 세계에 어마어마한 지각 변동처럼 일어난 이 팬데믹의 혼란은 우리 마음을 고통과 불안으로 가득 채우고 있습니다. 사람들은 갑작스럽게 찾아온 코로나19로 오프라인 활동의 제약을 받게 되었습니다. 각종 모임과 교육, 코칭 등 모든 것이 일시에 중단되었습니다. 외부 강의 출강도 크게 체감할 정도로 줄거나 취소되고 있습니다. 우리는 모든 일상을 발 빠르게 새로운 방식으로 전환해야 하는 어려움에 직면하고 말았습니다.

"교장 선생님, 이렇게 가다간 우리도 안전하지 않을 것 같은데요. 어떡하죠?"

"그러게요. 방법을 찾아야지요. 지난번 안건은 어때요? 온라인으로 진행하는 거요."

"그런 방법이 있어요? 그게 가능할까…? 다른 교육단체들은 어떻게 할까요?"

"'줌(Zoom)'이라는 게 있는데, 일단 회원가입부터 해 봐야겠어요."

"그래요? 정말 대단하세요. 잘되면 좋겠네요."

이렇게 온라인 시스템의 도입과 확산이 큰 힘이 되었습니다. 줌이라는 화상 회의 플랫폼을 통해 코칭과 독서 모임을 온라인으로 전환할 수 있고, 많은 사람이 장소와 시간에 구애받지 않고 편리하게 소통할 수 있는 기회를 얻게 되었습니다. 이러한 변화 덕분에 '코로나19'의 위기 속에서도 안전하게 교육은 이어갈 수 있었습니다.

감사에서 찾은 고전

전화위복(轉禍爲福) : '재앙을 바꾸어 복으로 삼는다'는 뜻으로, 어려운 상황이나 재앙이 오히려 좋은 결과로 바뀌는 것을 의미하지요. 이는 어떤 불행이나 문제가 발생했을 때, 그것에 대처하는 과정에서 새로운 기회나 긍정적인 결과를 얻을 수 있다는 말입니다.

온고지신(溫故知新) : '옛것을 익히고 새것을 안다'라는 뜻으로, 과거의 지식과 경험을 바탕으로 새로운 것을 발견하고 발전시키는 것을 의미하지요. 이는 전통과 새로운 아이디어를 조화롭게 결합하여 창의적인 결과물을 만들어내는 것을 강조하기도 합니다. 코로나19와 같은 새로운 상황에서 기존의 지식과 경험을 바탕으로 새로운 시스템과 유지 방법을 찾는 데 적합한 말입니다.

고전 필사

오늘 나의 감사 일기

Day 18

코로나19 팬데믹, 설왕설래 극복기

"감사는 마음을 맑게 하고 영혼을 고양시킨다."

- 윌리엄 제임스

소담의 1일 5감사 일기

1. 사회적 공항이 쉽게 끝날 것 같지 않습니다. 그럼에도 불구하고 위기투합하여 함께 꿈을 꾸며 서로 도우며 가는 우리의 결속력은 더 단단해져 가기에 귀하고 감사합니다.
2. 인생은 홀로 가는 듯하지만, 결국 함께 가는 여정임을 느낍니다. 심사숙고하는 시간을 가질 수 있어 감사합니다.
3. 코로나19로 활동에 제약이 생겨 앞으로의 계획을 다시 점검하게 되었습니다. 이사님과 자문위원님과 논의할 수 있어 감사합니다.
4. 온라인 줌(Zoom) 회의를 준비하며 팀원들의 두려움에 아쉬움이 있었지만, 귀가하며 스스로 리더십에 대해 성찰할 수 있어 감사합니다.
5. 혼란스럽고 지친 귀갓길이었지만, 지친 나를 쉬게 하고 눈 녹이듯 안아주는 집과 가족이 있어 감사합니다~♡

주변의 반대는 내가 또 한 번 성장해야 하는 단계에 왔다는 것을 알려줍니다.

이사님과 자문위원들과 함께 교육 과정과 포럼 진행 방안을 논의했습니다. 코로나19로 인해 대면 행사 대신 온라인 줌을 제안했지만, 변화에 대한 두려움으로 모두 쉽게 동의하지 않았습니다.

"이 방법이 새로운 기회를 줄 수 있어요. 우리 모두 용기를 내면 좋겠습니다."

라고 설명했지만,

"그게 된다는 걸 어떻게 호언장담(好言長談)해요! 난 못해요!"

단 한 사람만 지지해 주었습니다.

칼바람이 부는 추운 날씨에 집에 돌아가던 중, 회의석에서 나눈 이야기들이 귀에 쟁쟁거리며 까만 밤하늘만 바라봅니다. 눈물이 주르르 흘렀습니다. 시간이 촉박하여 이 혼란한 상태를 지체할 수 없다는 걸 깨닫습니다. 오늘 이 경험을 통해 스스로의 리더십에 대해 질문하며 마음을 다독이고 성찰하게 되었습니다.

'다음엔 더 나은 방식으로 다가가자.' 결론을 내리고 현관문을 열기 전, 아무렇지 않은 듯 평온한 마음으로 가다듬고, 가족과 따뜻한 만남으로 깊은 고마움을 느꼈습니다.

조용히 기도하며, 자신에게 주어진 건강과 경험을 세상의 빛과 소금으로 사용하겠다는 다짐을 했습니다. 어려움 속에서도 함께할 소중한 사람들과 나아갈 지혜를 구하며 마음을 다지는 나의 태도가 대견했습니다.

감사에서 찾은 고전

동고동락(同苦同樂) : '고통과 즐거움을 함께 나눈다.'는 의미로, 팀원들과 꿈을 함께 꾸며 어려운 상황에서도 서로의 손을 잡고 나아가는 동행의 가치를 떠올리게 됩니다. 서로의 무거운 짐을 나누고 이해하며 동행하는 소중한 관계를 떠올리면 잘될 거라 봅니다.

진인사대천명(盡人事待天命) : '큰일을 앞두고 사람이 할 수 있는 일을 다한 후(盡人事)에 하늘에 결과를 맡기고 기다린다(待天命)'는 말로 좌우명으로도 많이 쓰입니다.

고전 필사

오늘 나의 감사 일기

Day 19

에너지 끌어당김의 힘!

"감사함으로써 우리는 더 많은 축복을 끌어당긴다."

- 앨버트 슈바이처

소담의 1일 5감사 일기

1. 스펙 위주의 사회에서 고학력이 필수라는 편견에서 벗어나, 자기 역량 강화를 위해 공부한다는 마음으로 심리학에 관심을 갖고 국가평생교육원 사이버 학사 과정을 시작했습니다. 지난봄부터 이어온 학업이 어느새 2학기에 접어들었고, 임O연 플래너님의 도움으로 무리 없이 등록을 마쳐 감사한 마음입니다. 늦은 나이에 일과 학업을 병행하며 바쁜 하루를 보내지만, 흥분과 감사로 가득 차 있습니다.
2. 한국코치협회 코치 인증 과정을 준비하며 회원들의 열정적인 도전과 함께 공부하고 준비할 수 있음에 감사함을 느낍니다.
3. 파트너 기관 황 코치님의 격려와 지원 덕분에 인생디자인학교와 코치 교육 목표 달성에 한 걸음 더 다가설 수 있어 감사드립니다.
4. 9월 1일 막사발포럼 참가 신청이 충분히 접수되고 추가 신청도 이어져 성공적인 진행을 기대하며 감사합니다.
5. 저녁에 아버지를 찾아뵈어 학업과 학교 운영 근황을 말씀드렸더니, 대견해하시며 따뜻한 격려를 해주셔서 깊이 감사드립니다.~♡

늦었지만 또 배우고 싶다는 열정이 있다는 것이 너무 좋습니다.

"무슨 공부를 한다고 그러냐?"

"예. 상담심리학인데요. 진작 해야 했는데 지금이라도 할 수 있어 감사한 마음으로 도전해 보려구요. 아버지."

"해보기는 하겠지만, 도서방 고생하고 너도 고생되어 그러는 거지. 잘 생각해라."

"네, 아버지 벌써 1학기 마치고 2학기 시작하는걸요."

"그래? 대견하구나. 넌 머리가 있어서 잘 해낼 건 믿는다만…. 몸 챙겨."

"네, 아버지…."

아버지를 찾아뵈어 근황을 나누었습니다. 한편으로 대견해하시면서 60이 다 되어가는 나이에 학사 공부를 한다는 것에 여러 생각이 드시나 봅니다. 딸을 고등학교도 야간학교으로 보내 많이 안타까워하셨는데, 늦은 나이 공부가 만만치 않을 것을 짐작하고 하시는 아버지 말씀을 잘 새겨들었습니다.

| 감사에서 찾은 고전

도전정신(挑戰精神) : '어려운 일이나 새로운 일에 대해 적극적으로 도전하고, 위험을 감수하며 새로운 것을 시도하는 정신적인 태도나 자세를 의미'하는 말입니다. 나 자신과 예비 코치들이 대회를 준비하며 보여준 열정과 노력은 함께 도전하는 과정에서 감사를 느끼게 합니다.

동고동락(同苦同樂) : '고통과 기쁨을 함께 나눈다'는 뜻입니다. "어려울 때 친구가 진짜 친구다."라는 말이 있는데 어려운 시기에 서로를 지지하고 돕는 친구의 소중함을 강조하는 말이지요. "고생은 함께하면 절반이 된다."라는 말도 있습니다. 어려움을 함께 나누면 서로에게 힘이 되고, 더 쉽게 극복할 수 있다는 의미를 담고 있습니다.

고전 필사

오늘 나의 감사 일기

May 20

감사 속에 찾은 보석, 고전

"감사는 더욱 의미 있는 삶으로 인도한다."

- 감사마스터 소담 한만정

소담의 1일 5감사 일기

1. 과로로 쓰러졌던 경험을 통해 건강을 지키는 것이 무엇보다 소중함을 느끼며 삽니다. 힘든 시기에도 감사할 수 있었음에 건강해지며 삶에 대한 의욕이 되살아나서 감사합니다.
2. 감사 경영 배움터에서 감사 경영에 대해 더 전문적으로 얻은 지혜로 감사 습관을 꾸준히 실천하며, 더 나은 삶을 디자인하게 되어 감사합니다.
3. 매일 다섯 가지 감사한 일을 적으면서 삶의 이모저모를 가지런히 정리하게 됩니다. 이때 삶의 에너지가 충전되고 또 다른 아이디어가 떠오릅니다. 나의 하루 삶은 고전으로 표현한다면 더 깊은 의미를 담을 수 있지 않을까 고민하면서 감사 속에서 고전을 찾는 습관이 생겨 감사합니다.
4. 가족들에게 감사와 희망의 메시지를 전하고 귀갓길에 따뜻한 행복을 느낄 수 있어 감사합니다.
5. 내편에게 전하는 100개의 감사 메시지를 족자로 정리하면서 뭉클했습니다. 손이 떨리고 눈물이 흘러 완성하지 못했지만, 가슴 벅찬 고마움과 깊은 성찰을 얻어 감사합니다~♡

"항상 기뻐하라. 쉬지 말고 기도하라. 범사에 감사하라. 이는 그리스도 예수 안에서 너희를 향하신 하나님의 뜻이니라." - 데살로니가전서 5:16-18

100가지 감사를 쓸 상대가 있다면 행복한 인생입니다.

오래전부터 감사 일기를 써왔지만, 이제는 다른 사람들에게도 제대로 나누고 싶어서 배우고 싶었습니다. 감사 일기를 쓰는 이유와 방법, 그리고 그로 인한 변화를 배우며 삶의 의욕을 되찾았습니다. 오늘 배운 내용을 바탕으로 매일 감사한 일 다섯 가지를 기록하며, 감사 바이러스를 전파할 수 있을 것 같습니다.

강의 후 김 원장님과 대화하며, 100감사를 내편님께 썼다고 전했습니다. 그동안 함께한 시간에 감사하며, 글을 쓰면서 미안하고 고마운 마음이 커졌습니다. 감사 기록을 하다 보니 점차 겸손해지고 바르게 살아가고 있음을 느꼈습니다.

오늘 마무리하지 못한 100감사는 집에 가서 쓰기로 했습니다. 지하철을 타고 가는 길에 감사의 에너지를 충전한 기분이 들었습니다.

| 감사에서 찾은 고전

감사만만(感謝萬萬) : '너무나 감사하여 이루 다 헤아릴 수 없음'을 뜻하며, 감정을 모두 표현하거나 헤아릴 수 없다는 의미지요. 감사(感謝)에 대한 깊이를 배우고 나니 나로 살아 온 삶이 온갖 천지의 모든 상황, 그 많은 인연들 덕분이란 걸 깨닫습니다. "나의 사명은 감사 생활로 본보기가 되어 동행하며, 사람을 살리고 사람을 키울 수 있겠다."라고 자신감도 생겼습니다.

감지덕지(感之德之) : '분에 넘치는 듯 싶어 매우 고맙게 여기는 모양'을 뜻하며, 작은 도움이나 배려, 예상치 못한 은혜를 받았을 때 그 은혜에 감사하며 소중히 여기는 마음을 담고 있습니다.

고전 필사

오늘 나의 감사 일기

May 21

삶을 더 빛나게 하다

"감사는 우리 삶에 가득 찬 축복을 보게 한다."

- 헬렌 켈러

소담의 1일 5감사 일기

1. 일요일 교회에 가서 찬양으로 봉사하는 시간을 통해 하나님의 은혜를 더욱 깊이 느낄 수 있어 감사합니다.
2. 며느리와 아들의 생일을 축하하며, 가족과 소중한 시간을 나누고 즐거운 인연을 감사히 여깁니다.
3. 가족들과 추석 연휴 동안 힐링할 계획을 세우며 다가올 즐거움에 감사한 마음이 듭니다.
4. 9월 첫날에 있을 막사발 포럼과 조직임원 회의 준비가 잘 이루어져 성공적인 진행을 기대하며 감사합니다.
5. 인생 디자인의 기본 덕목으로 감사(感謝)의 중요성을 새롭게 느끼고, 이를 생활 속에 체계적으로 적용할 수 있어 감사드립니다~♡

감사는 마음을 다한다는 뜻입니다.

"집사님, 잘 오셨어요. 어서오세요. 우리 '너 하나님의 사람아', '당신은 하나님의 사람' 한 번 더 연습하고 예배 들어가기로 해요."

"네, 권사님."

"집사님 음색이 너무 좋아. 조금만 더 연습하면 아주 은혜롭겠어요."

"에구, 쑥스럽네요. 잘해 볼게요."

얼마 되진 않았지만 주일에 늘 성가대에서 찬양 봉사를 하면서, 하나님께 드리는 이 작은 시간 속에서 은혜로운 영광의 힘을 얻고 있습니다. 앞서서 잘 이끌어 주시는 황 권사님께 감사한 마음입니다. 이렇게 주일을 온전히 지키며 하나님 은혜의 깊이를 느끼게 곁에서 이끌어 주시니 내 삶이 평안을 누리며 더 빛나는 것 같이 느껴집니다. '감사함' 속에서 평온을 얻는다는 것이 어떤 느낌인지 알 것 같습니다.

감사는 내 인생의 첫 번째 덕목으로 자연스럽게 장착되며 나를 이끄는 시스템이 되어 참 소중하게 다가옵니다. 일상에서 실천하는 감사를 통해 인생의 아름다운 변화를 느끼는 삶이 참으로 아름답습니다.

감사에서 찾은 고전

일일신우일신(日日新又日新) : "날마다 새롭게, 또 날마다 새롭게"라는 뜻으로, 매일매일 새로운 마음으로 성장하고 발전하는 것을 의미하지요. 새로운 하루를 시작하고, 서로를 지원하고 격려하는 마음을 가지고, 함께 성장하고 발전하는 것을 나타냅니다.

소중우기(笑中有喜) : "웃음 속에 기쁨이 있다"는 뜻으로, 가족들이 함께 시간을 보내며, 웃음과 기쁨을 나누는 소중한 순간을 말합니다. 이런 작은 행복의 순간들이 모여 가족의 화목과 행복을 만들어갑니다.

고전 필사

오늘 나의 감사 일기

"감사는 마음의 여유와 평온을 가져다 주는 신의 선물이다."
-감사 마스터 소담 한만정

May 22

삶의 풍요로움, 소중한 추억이 되어

"감사함으로써 우리는 진정한 기쁨을 경험한다."

- 헬렌 켈러

소담의 1일 5감사 일기

1. 바쁜 일정으로 감사 일기가 미루어졌습니다, 소홀하게 지냈던 날들을 다시 첫 마음으로 돌아가 감사의 의미를 되새기게 되어 감사합니다.
2. 김OO 전 장관님의 인문학(인간관계) 특강 초대를 받고 참석할 수 있었고, 좋은 분들을 만날 수 있어서 감사합니다.
3. 행사를 마친 후 초대 가수의 노래를 따라 부르며 힐링의 시간으로 즐거움을 느낄 수 있어 감사합니다.
4. 행사 후, 장관님과 담소를 나눈 후 사무실에 돌아와 이사님과 오늘 있었던 일들을 나눌 수 있어 감사합니다.
5. 늦은 시간까지 사무실에서 일하다 자정이 되어 집에 도착했지만, 가족들이 반겨주고 짧게나마 하루 지낸 일을 나눌 수 있어서 감사합니다~♡

새로 시작할 수 있다면 언제나 감사한 일입니다.

연말연시, 영하의 날씨와 칼바람 속에서 많은 일정이 겹쳐 감사 일기를 쓸 시간이 부족했습니다. 하지만 오늘은 시간을 내어 감사의 마음을 되돌아보며, 매일의 소중한 시간을 더 챙기겠다는 다짐을 했습니다.

오늘은 김○○ 전 장관님의 초대를 받아 인문학 강의를 들을 기회가 있었습니다. 강의장에 들어서자 비슷한 관심을 가진 분들과 만나 설렘을 느꼈고, 감사의 마음을 전하며 인사를 나눴습니다.

"좋은 강의에 초대해 주셔서 감사합니다."

"저도 이렇게 함께 기쁨을 나눌 수 있어 감사합니다."

"정말 많은 일을 하셨네요. 대단하세요."

"모두 함께해주신 분들 덕분입니다."

강의 후 초대 가수의 무대에서 노래를 따라 부르며 웃음과 힐링의 시간을 보냈습니다. 추운 날씨와 북적이는 송년회 속에서도 따뜻한 마음과 소중한 만남이 특별한 순간을 만들어 주었습니다.

늦은 밤 집에 돌아오니 가족들이 기다리고 있었고, 짧은 대화를 나누며 하루의 피로가 풀리고 가족의 소중함을 다시금 느꼈습니다.

| 감사에서 찾은 고전

초심불망(初心不忘) : '처음의 마음을 잊지 않음'이라는 뜻으로, 처음 다짐했던 감사의 마음으로 다시 돌아가는 마음을 표현합니다. 수년간 써오며 나를 되돌아본 감사 일기를 연말연시에 잠깐 놓치곤 해서 아쉬웠습니다. 초심을 다시 잡고 하루하루 감사함을 기억하며 적어 나갑니다. 일상에서의 모든 상황에 감사하라는 하나님의 뜻을 전해줍니다.

화목지기(和睦之氣) : '서로 화목한 기운'이라는 뜻으로, 가족 또는 만나는 사람들과의 화목한 대화와 함께하는 시간을 의미함으로써 서로에게 친절하고 두터운 우정을 가져갔으면 합니다.

고전 필사

오늘 나의 감사 일기

Day 23

사람 키우는 일의 축복

"감사는 사랑의 표현이며 기쁨의 연장선이다."

-도리스 데이

소담의 1일 5감사 일기

1. 출근길 늦었다고 동동거리는 딸을 망설임 없이 데려다주고 왔습니다. 소소하지만 간만에 엄마로서 도움을 줄 수 있어서 감사합니다.
2. 강서도서관에서 10월 4주간 어르신들 SNS 교육 출강 요청이 있어 만반의 준비를 합니다. 연령대가 60~75세 어르신들께 스마트폰을 활용한 교육으로 도울 수 있어서 감사합니다.
3. 보험 영업하는 최 선생님을 영업성과 일대일 코칭 4회차 진행 중인데 8월 영업 성과가 좋아 벌써 월말 마감 준비를 하고 다음 달 준비할 수 있겠다는 피드백을 받았습니다. 잘 따라와 주셔서 너무 기쁘고 감사합니다.
4. '인생디자인'이라는 주제로 책 출간을 계획하고 있습니다. 강 이사께도 권유하고 수락을 받아 감사하고 이 박사님께서 책 쓰기에 관심을 가져주시고, 격려해 주셔서 감사합니다.
5. 그냥 지나칠 뻔했던 일들도 감사 일기를 쓰면 가치 있는 일이 됩니다. 나의 삶에서 부정적인 생각을 버리고 긍정적인 마인드로 리셋할 수 있어서 정말 감사합니다~♡

나 때문에 좋아지고 성장하는 사람이 있다면 그보다 큰 보람은 없을 겁니다.

"어머나, 교장 선생님 책 쓰기 시작하셨군요. 경험이 많으시니 좋은 책이 나올 것 같아요. 응원할게요."

"고마워요. 잘 쓸 수 있을지 걱정되지만, 이 박사님께서 도와주신다 하셔서 용기 내어 보려구요."

"잘 하실 거예요. 교장 선생님 책이 나오면 정말 좋겠네요. 그런데 워낙 바쁘셔서…."

"네, 그렇게 말씀해 주시니 힘이 나네요. 시간 관리를 잘하면서 해보려고요. 감사합니다."

해 질 녘 붉게 물든 하늘이 내 설렘을 알아차린 듯 나를 바라보는 것 같습니다.

인생 디자인이란 무엇인가? 행복한 삶을 위해 우리의 삶을 잘 설계해야 한다는 철학이 담겨 있습니다. 책을 쓰기로 결심했으니 처음 가졌던 마음을 되새기며 계획을 구체화해야겠습니다. 우선, 관련 서적을 조사하며 인생 디자인이라는 주제의 깊이를 더해보기로 했습니다.

지하철역에서 이사님과 헤어진 뒤 혼자만의 시간이 찾아왔고, 어둠 속에서도 내 마음은 새로운 도전에 대한 설렘으로 빛나고 있었습니다.

| 감사에서 찾은 고전

마부작침(磨斧作針) : '도끼를 갈아 바늘을 만든다'는 뜻으로, 어떤 어려운 일이라도 끈기와 인내로 꾸준히 노력하면 결국 성공할 수 있다는 의미지요. 처음으로 책을 쓰고자 하는 예비작가로서 두려움도 많지만, 살아온 경험과 배운 지식 등을 활용하여 좋은 책이 되어 나올 거라 봅니다.

우공이산(愚公移山) : '어리석은 노인이 산을 옮긴다'는 뜻으로, 어리석어 보이는 일이라도 끈기와 노력으로 큰일을 이룰 수 있다는 의미입니다. 어르신들이 스마트폰을 활용하여 일상을 편리하게 누릴 수 있게 된다면 이 시대를 살아가시며 자신감도 높아지고 자존감 회복에도 큰 도움이 되겠죠.

고전 필사

오늘 나의 감사 일기

May 24

귀인을 만나는 기적

"감사함으로써 우리는 진정한 기쁨을 경험한다."

- 헬렌 켈러

| 소담의 1일 5감사 일기

1. 햇빛을 거의 안 본 탓인가 에너지가 내려가는 것을 느낍니다. 저녁에 마무리할 일도 하다 말고 알람에 규칙적인 수면시간을 설정하여 적용하니 감사합니다.
2. 감사 일기 쓰기 동행 <기감동프> 10기 모집에서 외부 커뮤니티 대표님께서 회원들과 적극 참여해 주셔서 감사합니다.
3. '꾸준함이 답입니다.' 일정 관리 하면서 선생님들의 성장을 돕는 감사코치로서 선생님들의 삶에 치유와 성장, 변화된 모습에서 보람되고 감사합니다.
4. 먼 길 지방에서 귀한 손님이 다녀가신 후 기이한 일이 생기고 있습니다. 오랫동안 지켜보시고 집에까지 방문하신 분께서 전혀 생각지 않게 물질적 후원을 하셨습니다. 고민이 생겼지만 일단 특별한 애정을 가지신 분께 고맙고 감사합니다.
5. 이사님과 상의하고 그대로 받아들이는 것이 좋겠다는 결론을 내릴 수 있었습니다. 어깨가 더 무거워 물질 앞에 겸허하게 처신해야 함을 깊이 다져보는 시간과 베푸신 은혜 감사합니다.

내가 쌓은 좋은 일 덕분에 나에게도 좋은 일이 생길 겁니다.

관계는 나눔과 연결을 통해 성장하며, 예기치 않은 선물도 겸손한 마음으로 받아들일 때 더 큰 의미를 가집니다.

"받은 것을 소중히 여기고, 나눌 기회로 만들어라."

받은 것에 감사하고 이를 통해 다른 이들에게 선한 영향력을 끼치는 것이 진정한 축복임을 느낍니다. 작은 것에 감사하고 최선을 다할 때 삶은 더 풍성해집니다.

강 이사님과 상의한 끝에, 회장님께서 보내주신 2,200만 원의 장학금을 수락하기로 결정했습니다.

"교장님을 돕고 싶어 하시는 마음이니, 기도하며 좋은 방법을 찾으세요."

이 조언에 따라 부담감을 내려놓고, 감사의 마음으로 책임을 다할 것을 다짐했습니다.

"장학금이란 이름으로 받은 만큼 잘 나누고 싶어요."

오늘의 깨달음은 받은 것의 소중함과 나눔의 책임을 되새기며, 내일의 나를 더 겸손하고 지혜롭게 만들어 줄 것입니다.

감사에서 찾은 고전

인과응보(因果應報) : 『역경』에 나오는 말로, '선행에는 좋은 결과가, 악행에는 나쁜 결과가 따른다'는 말입니다. 원인과 결과에는 합당한 이유가 있다는 뜻이지요. 모든 결과는 그에 상응하는 원인이 있기 때문에 나타나는 것입니다. 노력하면 성과가 좋게 나타나고 씨를 뿌려야 수확을 얻을 수 있으며 그물을 치지 않고는 고기를 잡을 수 없다는 말입니다. 노력과 겸손한 마음으로 얻은 물질을 가치 있게 사용하라는 깨달음을 줍니다.

사필귀정(事必歸正) : '처음에는 그릇된 것처럼 보였던 일도 결국에는 모두 바르게 돌아온다'는 뜻의 고사성어입니다. 다시 말하면 올바르지 못한 것이 임기응변으로 기승을 부린다 해도 결국에는 올바르지 못한 것은 오래가지 못하며, 바른 것이 이기게 된다는 의미입니다.

고전 필사

오늘 나의 감사 일기

May 25

고통도 즐기면 힘이 된다

"감사는 작은 행복을 큰 기쁨으로 만든다."

- 메리 메이즈 도지

소담의 1일 5감사 일기

1. 매일 아침 사명문과 5가지 감사 실천은 내 인생을 설계하는 데 큰 원동력이 됩니다. 이를 통해 긍정의 에너지를 세상에 전하고 있음에 감사합니다.
2. 감사 생활을 통해 삶의 의미를 되새기고, 여러 가지 어려운 상황도 우선순위에 따라 중요한 것과 덜 중요한 것을 분리하며 지혜롭게 받아들일 수 있게 되어 감사합니다.
3. '삶은 전쟁'이 아니라 '삶은 놀이'라고 했던가요. 직장에서 힘들어하시는 ○○님께 생각 전환할 힘을 보낼 수 있어 감사합니다.
4. 지인의 책 출간 소식을 듣고, 그와 이야기를 나누며 진심으로 축하해줄 수 있어 감사합니다.
5. 김장을 위한 마늘까기 작업이 예상보다 많아졌습니다. 이 상황을 본 내 편이 함께 도와주셔서 일부 마무리할 수 있어 감사합니다~♡

하소연할 대상이 있다면 정말 잘 산 인생입니다.

어느 날 친구에게서 전화가 왔습니다.

"삶이 전쟁이야! 진짜 미쳐버리겠어."

직장 내 갈등으로 힘들어하는 친구의 이야기를 들으며 위로했습니다.

"그분이 또 그런 거야? 참 너무하네."

"내가 진짜 여기 계속 다닐 수 있을까 싶어."

친구의 속상한 마음을 공감하며 대화를 이어갔습니다. 전화가 끊긴 후 다시 전화를 걸어 퇴근 후 상태를 확인했습니다.

"벌써 퇴근했어. 그냥 사무실에 말하고 바로 나왔어."

"잘했어. 이제 좀 괜찮아?"

"응, 고마워."

친구의 마음이 조금은 안정된 것 같아 안심이 되었습니다.
"삶은 전쟁이 아니라 놀이와 같지 않아? 피할 수 없으면 즐기라네."
혼자 중얼거리며 친구를 향한 위로를 전했습니다.

감사에서 찾은 고전

극기복례(克己復禮) : '자기 자신의 욕심을 극복하고 예(禮)로 돌아갈 것'을 의미합니다. 나의 생각을 다스리고 하나님의 뜻을 헤아려 바른 태도로 감사하는 마음을 갖게 된다면 모든 일에 평화가 찾아오지 않을까요?

선공후사(先公後私) : '사사로운 것을 뒤로하고 공적인 것을 먼저 생각한다'는 뜻입니다. 개인적인 이익이나 욕구보다 공동체의 이익을 우선시하는 것을 의미합니다. 전체의 방향을 보지 못하고 개인의 감정 싸움이나 이익에 치우쳐 큰일을 그르칠 때 '뭣이 중헌디' 하면서 감정이 소모되는 일에서 빠져나와야 합니다.

고전 필사

오늘 나의 감사 일기

Day 26

숨 쉬는 순간순간이 소중해요

"감사는 있는 그대로도 충분하다고 여길 수 있는 마음이다."

- 헨리 데이비드 소로우

소담의 1일 5감사 일기

1. 바쁜 한 주가 지나고 잠시 쉬려 했으나, 다음 주 대회를 앞두고 마음이 설렘과 두려움으로 복잡합니다. 다행히 그동안 준비해 온 것들을 점검할 수 있어 감사합니다.
2. 엊그제 하다 만 마늘까기를 온 가족이 도와주어 수월했고 마무리는 내 편이 담당했습니다. 저녁에 고마운 마음으로 보쌈을 준비해 드렸더니 기쁘게 먹어주셔서 감사합니다.
3. 친구가 직장에서의 어려움을 나누었고, 진심으로 들어주자 마음이 편해졌다며 고마워했습니다. 친구가 직장에서 다시 즐겁게 일하게 되기를 바랍니다.
4. 병원에 계신 엄마께 노래를 불러 드리니 함께 부르시며 즐거워하셔서 감사했습니다.
5. 밤하늘을 보며 소소한 순간의 감사를 느낍니다. 단톡방에서 감사 나눔 하시는 선생들 덕분에 더욱 감사합니다~♡

말할 때 들어줄 사람이 있다는 것, 전화할 때 받아줄 사람이 있다는 것.

친구가 상사와의 갈등으로 힘들어한다고 털어놓았습니다. 묵묵히 들어주며 응원했습니다.

"네가 들어주니 정말 고마워. 속이 시원해."

"다시 힘내서 즐겁게 일할 수 있길 바랄게."

"그래야지."

친구의 목소리가 한층 가벼워지며, 하늘의 구름도 평화롭게 흐릅니다.

엄마가 병원에 계셔서 며칠째 못 뵙고 있다는 생각에 전화를 드렸습니다.

"엄마, 저예요. 괜찮으세요?"

"괜찮아. 네가 전화해서 좋다."

"혹시 저녁 드셨어요?"

"벌써 먹고 누워있어."

엄마와의 통화 중 노래를 부르기 시작하시며, 기쁨이 전해졌습니다.

"엄마, 이번 주말에 꼭 뵐게요. 빨리 회복하시길 기도할게요."

"그래요, 우리 딸. 걱정 말고 잘 마무리하고 와."

"네네. 네네네…."

엄마의 장난기 넘치는 목소리에 위로를 받으며, 공원길을 걸으며 하루를 마무리했습니다.

감사에서 찾은 고전

사필귀정(事必歸正) : '모든 일은 반드시 올바른 이치대로 돌아온다'는 뜻으로, 힘들고 어려운 길이라도 올바른 일을 포기하지 않고 하다 보면 언젠가 모든 일이 올바르게 돌아올 것이라는 뜻이지요. 경청하고 공감하는 사이 마음이 편안해진 친구를 보며 모든 상황을 다시 생각했습니다.

유비무환(有備無患) : '준비가 돼 있으면 근심할 게 없다'는 뜻입니다. 다가올 김장을 대비하며 감사하게 마무리 점검할 수 있는 마음가짐이 떠오릅니다. 불편한 관계가 왔을 때에도 한 번 이 말의 의미를 깊게 생각해 보면 그 안에서 답이 나올 수 있습니다.

고전 필사

오늘 나의 감사 일기

Day 27

최고의 선물 내가 태어난 날

"감사는 우리 삶을 더 밝고 아름답게 만든다."

-마틴 루터 킹 주니어

소담의 1일 5감사 일기

1. 생일날. 가장 먼저 부모님께 전화를 드려 감사 인사를 드립니다. 나를 낳으실 때 고통을 공감하고, 은혜에 보답하고자 '어머니의 마음' 노래를 불러드렸습니다. 부모님께서도 기쁘게 들어주셔서 감동과 함께 사랑이 더욱 깊어져 감사합니다.
2. 카카오톡 알림을 통해 많은 지인들이 생일 축하와 건강을 기원하는 문자 감사합니다.
3. 저녁 무렵, 내편에게서 생일날 저녁 같이 먹게 일찍 들어오라는 전화 감사합니다.
4. 저는 사랑받기 위해 태어나 부모님을 통해 얻은 인생 너무나 소중하고 감사합니다.
5. 친구 최○숙도 같은 날에 태어난 인연에 더욱 특별하게 느껴졌고, 함께 기뻐할 수 있음에 감사합니다.~♡

내 존재를 소중하게 여겨주는 사람은 나에게도 소중합니다.

태어난 날을 축하받는 동시에, 하나님의 자녀로서 나를 낳아주신 부모님께 감사 인사를 드리는 일로 하루를 시작합니다. 부모님에 대한 고마움이 더욱 깊이 느껴졌습니다. 친구들과 가족들로부터 축하와 사랑을 받으며, 삶이 주는 행복을 다시 한번 되새기게 됩니다. 이런 소중한 관계와 인연들이 모여 내 삶을 더욱 빛나게 해주는 것 같습니다. 성경 말씀에

"내가 너를 모태에 짓기 전에 너를 알았고, 네가 태에서 나오기 전에 너를 성별하였고 너를 여러 나라의 선지자로 세웠노라 하시기로." - 예레미야 1:5

하나님께서 태어나기 전부터 저마다의 존재를 알고 계시며, 특별한 계획과 목적을 가지고 이 세상에 보내셨음을 떠올리게 하는 구절입니다.

"네에? …. 그러시구나. 부모님께서 정말 기뻐하시겠네요!"

"네, 부모님께서 함께 부르시며 들어주실 때마다 저도 뭉클해요. 내 생일의 가장 소중한 순간을 느끼곤 하죠."

"네, 카톡으로 축하 메시지가 많이 와서 감사했어요. 다들 행복한 생일 보내라고 해줘서 하루가 따뜻했죠."

감사에서 찾은 고전

불효자천서(不孝者天讒) : '불효자는 하늘도 원망한다'는 뜻으로, 부모에게 효도하는 것은 인간의 도리이자 자연의 이치라는 의미를 담고 있어요. 생일날 부모님께 애틋한 마음을 전하고 항상 부모님의 평안하심을 기도하는 마음을 담고, 부모님의 은혜를 잊지 않고 감사하는 마음을 담습니다.

음수사원(飮水思源) : '물을 마실 때 그 근원을 생각하라'는 뜻으로, 부모님의 은혜를 잊지 않고 감사하는 마음을 의미합니다. 오늘의 나를 있게 한 부모님, 스승님 그리고 주변 사람들의 은혜를 떠올리며, 그 사랑에 보답하고 감사하는 태도로 살아가야 함을 깨닫게 합니다.

고전 필사

오늘 나의 감사 일기

May 28

일상의 감사는 더 큰 감사로

"감사는 세상의 아름다움을 담는 그릇이다."

- 감사마스터 소담 한만정

| 소담의 1일 5감사 일기

1. 친구가 생선 한 박스를 보내왔습니다. 이웃과 나누어 먹어도 충분한 양을 보내준 친구가 있어 감사합니다.
2. 복지관 어르신들 갈등 관리 강의 2주차 출강합니다. 준비한 만큼 어르신들과 즐겁게 잘 진행하게 되어 감사합니다.
3. 교육 운영 관련으로 인해 한동안 책 쓰기를 할 수 없었습니다. 짬짬이라도 다시 책상에 앉아 써 내려갈 수 있어서 감사합니다.
4. 대전에 사시는 회원님께서 교육 과정 관련 문의를 하셨습니다. 잘 설명해 드리자 수강을 결정해 주셔서 감사합니다.
5. 책 쓰기에 집중하느라 저녁 준비를 놓쳤습니다. 거실에 나가보니 벌써 내편님이 완벽하게 준비해 놓고 토리랑 산책까지 다녀오셨습니다. 너무 미안함과 고마운 마음. 감사합니다~♡

뜻밖의 선물은 언제나 행복합니다.

오후에 친구가 보낸 생선 한 박스를 받고 전화를 걸자 친구는 웃으며 말했습니다.

"너 바빠서 시장 가기 힘들잖아. 잘 먹고 힘내."

이 말에 문득, 계절마다 과일과 채소를 보내주던 친구가 떠올랐습니다. 하지만 지난 해 지병과 코로나19로 세상을 떠났습니다. 친구의 빈자리가 그리워 자꾸 눈물이 납니다.

부엌으로 가보니 이번엔 내편님이 이미 저녁을 차려놓고 산책까지 다녀온 모습이었습니다.

"어쩜 이렇게 다 알아서 했어요? 정말 고마워 당신 덕분에 살아."

미안하고 고마운 마음을 건네는 말에 내편님은 웃으며 말했습니다.

"당신 바쁘잖아. 꼼짝 못하고 있는 거 아는데, 내가 할 수 있는 건 내가

하면 되지.”

그날 밤, 친구의 생선을 손질하며 생각했습니다.

“나는 문제 속에서 해결하며 성장하고, 받은 사랑을 나누며 하루를 감사함으로 채우자.”

“무엇이 나를 살아 있게 만드는가, 문제해결을 위해 골똘해지는 시간도 결국, 나를 성숙하게 하는 훈련과정이란 것을….”

이렇게 더러 그리움과 고마움의 눈물 조각 삼키는 날도 마음가짐을 새롭게 되새기게 됩니다.

감사에서 찾은 고전

범애겸리(氾愛兼利) : '두루 사랑하고 이익을 겸한다'는 뜻으로, 『묵자(墨者)』의 겸애(兼愛)편에 나오는 문구로, 모든 사람을 평등하게 대해야 어지럽지 않다는 뜻입니다. 겸애란 더불어, 두루 사랑한다는 의미이며, 내편님과 일상을 함께하는 감사에 어울리는 표현입니다

물심일여(物心一如) : '마음과 형체가 구분됨이 없이 하나로 일치한 상태' 즉 세상과 나, 꿈과 현실이 어울려 한 덩어리가 됨을 일컬음으로 물질적인 것과 정신적인 것이 조화롭게 결합하여 하나가 되는 상태를 나타냅니다. 친구가 보내준 생선을 받고 이웃과 나누려는 마음. 태도는 받은 사랑을 세상과 나누는 섬김의 모습으로 볼 수 있습니다.

고전 필사

오늘 나의 감사 일기

"감사는 영혼을 채우는 가장 아름다운 선물이다."

- 존 메이슨

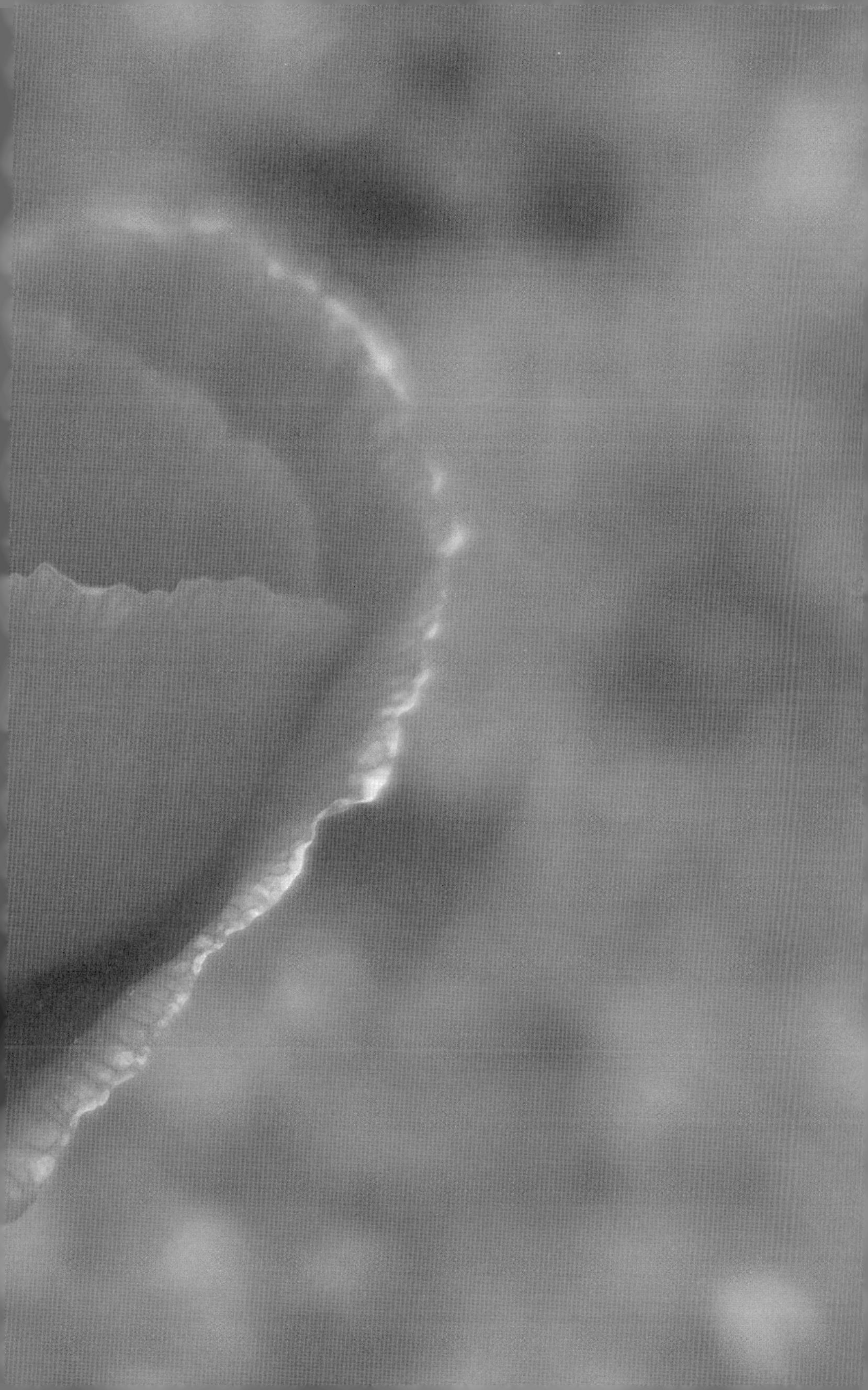

Day 29

담쟁이넝쿨처럼 유연함의 힘!

"감사는 또 다른 감사의 씨앗으로 피어난 향기다."

-감사마스터 소담 한만정

소담의 1일 5감사 일기

1. 책 쓰기에 답답함을 느껴 도서관에 갔지만 진전이 없어 인내하며 기도했습니다. 그때 도움의 손길이 찾아와 큰 힘이 되어 감사합니다.
2. 동료가 안타까워 보였는지 한 줄 명문장 훅 던져주어 동기부여가 되었는지 글쓰기를 이어갈 수 있어 감사합니다.
3. 밤늦게 귀가하는 중에 비가 내렸습니다. 혼자 가는데 쓸쓸할까 봐 동행해 주는 느낌을 받으며 빗물에 구두 속으로 들어가 고무신 신고 뛰어놀던 어린 시절의 추억을 떠올리게 되어 웃음이 나와 감사합니다.
4. 귀가 후 방으로 바로 들어가 책 쓰기에 집중할 수 있어서 감사합니다.
5. 새벽까지 곁을 지켜준 토리에게 정말 감사합니다.

5주차

인내가 빛나는 이야기로 완성하게 한다.

책 쓰기에 답답함을 느낀 나는 마음을 환경을 바꾸려 도서관으로 향했습니다. 하지만 몇 시간을 보내도 진전은 없고, 실망스러운 마음을 다잡고 있을 때 한 동료가 다가와 그 조언은 나에게 작은 불씨처럼 희망을 심어주었고, 다시 펜을 들 용기가 생겼습니다.

"모든 것은 지나간다. 다만 글은 남는다."

는 말이지. 이 말이 내 입에서 흘러나오며 늦은 밤 집으로 돌아오는 길에 비를 만났습니다. 혼자 걷는 길이었지만, 어딘가에서 나를 동행해 주는 누군가가 있는 듯한 따뜻한 느낌이 들었습니다. 빗물이 구두 속으로 스며들었고, 그 순간 고무신을 신고 빗속을 뛰어놀던 어린 시절의 추억이 떠올라 혼자 웃음을 터뜨렸습니다. 비 오는 밤길이 외롭기보다 풍요롭게 느껴진 건 오랜만의 일입니다.

집에 도착해 책상에 앉아 하루를 정리하며 감사의 마음으로 다시 책 쓰기에 몰두했습니다. 멈추었던 흐름이 다시 이어지는 기분이 들었습니다.

얼마나 몰두했던지 고개를 들었을 땐 어둠이 걷히고 가로등도 꺼졌습니다. 옆에서 밤을 새우며 아침을 맞이한 반려견 토리를 보고 놀라지 않을 수 없었습니다.

"어머나 토리야. 너 엄마 발밑에 있었어?"

크게 기지개를 켜며 자리에서 일어납니다. 나의 이 소중한 하루의 작은 순간들이 모여 나를 앞으로 나아가게 하고, 인내하는 시간과 뜨거운 마음은 책 속 한 줄로 전해져 빛이 되리라.

감사에서 찾은 고전

순풍만범(順風滿帆) : '일이 바람에 실려가듯 순조롭게 진행됨'의 뜻으로 돛에 순풍을 가득 받고 배가 나아가듯이 모든 일이 순조롭게 되어간다는 뜻을 담고 있습니다. 어렵고 짜증나는 일이 있어도 좋게 생각하면 순풍에 돛 단 듯 나아갈 수 있겠죠.

유유자적(悠悠自適) : '속세의 번잡함에서 벗어나 여유롭고 평온하게 생활하는 태도'의 뜻입니다. 인생의 어려움에 얽매이지 않고 여유를 가지고 슬기롭고 지혜롭게 헤쳐 나가는 것 매우 중요합니다.

고전 필사

오늘 나의 감사 일기

May 30

가족의 힘! 매일 감사 한 스푼으로

"감사함으로써 우리는 지금 이 순간을 소중히 여길 수 있다."

-존 칼빈

소담의 1일 5감사 일기

1. 책 쓰기를 혼자 해오다가 엊그제 귀인을 만나 애로사항을 나눈 후, 바로 바로 진도를 나갈 수 있어서 재미를 느끼고 고단함도 잊을 수 있어 감사합니다.
2. 책상에 너무 오래 앉아 있어서 허리가 뻐근해졌지만, 바로 타이머를 해 놓고 수시로 일어나 스트레칭을 하니 몸이 가벼워졌습니다. 감사합니다.
3. 잠깐씩 일어날 때마다 집 안 정리를 하니 마음도 정리가 되어 집중할 수 있는 여유가 생겨 감사합니다.
4. 오후에는 타이머에 맞춰 토리와 스트레칭을 하고 찬양을 듣는 시간을 가져봅니다. 건강도 챙기고 마음도 차분해지면서 집중할 수 있는 컨디션이 되었습니다. 매일 반복되는 시간 속에서 음악이 큰 힘이 된다는 걸 느끼며 감사합니다.
5. 간식거리를 사 와서 챙겨주고 하루 종일 오로지 책 쓰기에만 집중할 수 있도록 배려해 주신 내편님께 감사합니다~♡

책 쓰기에는 많은 사람들의 도움이 필요한데 나에게는 그 모든 사람이 다 있는 것 같습니다.

책을 쓴다는 것은 고독과 고통의 연속이지만, 그 속에서 작가는 성장하고 이야기를 완성해갑니다. 집중력과 마감일의 압박을 뚫고 창작을 이어가며, 그 과정은 자신만의 세계를 창조하는 여정이자 독자와 소통하는 첫걸음입니다.

"잘 써져? 너무 힘들면 하지 마."

"견딜만 해요. 이왕 한다고 한 거 뭐가 되더라도 해내야지."

이 모든 고통 속에서 얻는 만족감은 비교할 수 없을 정도로 큽니다. 많은 작가들도 이 과정을 통해 단련되고 성공한 것처럼, 나 역시 그 길을 가고 있습니다.

내편님의 배려 덕분에 책을 쓸 수 있어 감사하며, 이 경험을 통해 내가 작가로서 한 걸음씩 성장해가는 모습을 보며 기쁩니다. 처음에는 내가 잘할 수 있을까 했지만, 점차 '글에 도를 실어야 한다'는 깨달음을 얻었습니다. 당나라의 문학가 한유의 말처럼, "낡은 것을 깨뜨리지 않으면 새로운 것을 세울 수 없다"는 진리를 삶의 좌우명으로 삼고, 나 자신을 경작하며 새로운 가능성을 만들어가고 있습니다. 이 과정이 나에게 대견하게 다가오고, 앞으로 더 큰 성장을 기대하게 합니다.

| 감사에서 찾은 고전

문이재도(文以載道) : '글은 도를 싣는 것이다'는 의미로 쓰기의 궁극적인 목적은 단순히 미사여구를 채우는 데 있지 않고, 올바른 도리를 전달하고 인간과 사회를 올바르게 이끄는 데 있다고 합니다. 내가 열심히 쓰고 있는 글은 사람을 만든다고 합니다.

일석이조(一石二鳥) : '하나의 돌로 두 마리의 새를 잡는다'는 의미로, 마음의 여유를 가지고 건강을 챙기기 위해 타이머를 활용하는 지혜와 찬양을 들으며 책 쓰기에 집중할 수 있었던 것에서 얻은 상황을 보면서 한 가지 일을 통해 두 가지 이상의 이득이나 성과를 얻는 것을 기억해 봅니다.

고전 필사

오늘 나의 감사 일기

Day 31

작은 일이 큰일을 이룬다

"감사는 삶의 작은 순간을 축복으로 만든다."

- 프란시스 메이어

소담의 1일 5감사 일기

1. 최근 들어 장마가 지나갔는데도 비가 자주 내리네요. 도심에서는 큰 문제 되지 않겠지만 농촌에서는 걱정이 많으실 것 같습니다. 농부들을 위해 마음을 담아 기도할 수 있어 감사합니다.
2. 032 지역번호로 온 전화가 낯선 번호라서 망설이다 받았는데, 작년에 '꿈을 현실로' 강의를 했던 학교였습니다. 올해도 강의를 요청한다는 반가운 소식입니다. 좋은 인연이 이어져 감사합니다.
3. 외국에 계시던 선배 언니가 오랜만에 귀국하셔서 연락을 주셨습니다. 짧은 시간 머무시지만 꼭 만나고 싶다고 하셔서 반가운 마음으로 기꺼이 약속을 잡았습니다. 귀한 인연과 소중한 시간이 참 감사하게 다가옵니다.
4. 행사 준비 중 갑작스럽게 한 분이 참석이 어려워져 긴장했지만, 주변에서 여러 손길이 도와주셔서 다행히 무사히 마무리할 수 있었습니다. 어려울 때 돕는 이들의 따뜻한 마음에 감사합니다.
5. 뜨거운 8월과 잦은 비 그리고 태풍 속에서도 가족과 지인들이 모두 무탈하게 지내고 풍성한 9월을 맞이할 수 있어서 참 감사합니다~♡

하나하나 최선을 다하면 그것이 언젠가 '뜻밖'이라는 이름의 선물이 되나 봅니다.

"무슨 비가 이리도 자주 내릴까."

"그러게 말이에요. 농촌에서는 농작물로 근심이 크겠어요."

"역시, 한 교장은 농촌에서 자라 농촌까지 걱정하시는군요."

"그렇죠. 농부의 딸인데요. 흙의 딸."

비가 자주 내리는 날씨로 농촌의 농부들이 걱정되었습니다. 도심에서는 큰 불편함이 없지만, 과한 비가 농작물에 피해를 줄 수 있기 때문입니다.

창밖을 바라보며 농부들을 위한 기도 시간을 가졌습니다.

그때, 인천 ㅇㅇ중학교에서 작년에 강의했던 '꿈을 현실로' 강의를 올해도 요청하는 전화가 왔습니다. 기쁜 마음으로 강의를 이어갈 수 있게 되어 감사했습니다. 8월의 긴 장마가 끝나듯 바쁜 시간이 지나고, 가족과 지인들이 무탈하게 지내며 평온한 9월을 맞이하게 되어 따뜻한 마음이 들었습니다. 이 작은 일들이 새삼 감사하게 느껴졌습니다.

| 감사에서 찾은 고전

인화단결(人和團結) : '사람들끼리 서로 화합하고 단결하는 것'을 의미입니다. 사람들이 서로 힘을 합쳐 어려움을 이겨내고 일에 성공을 위해 조화로움으로 공동체의 중요성을 느끼게 하는 순간입니다.

마부위침(磨斧爲針): '도끼를 갈아 바늘을 만든다'는 뜻으로, 아무리 작은 노력이라 하더라도 끈질기게 노력하면 큰 일을 해낼 수 있다는 교훈적 의미를 담고 있는 말입니다. 끈기와 인내를 통해 결국 큰 목표를 이루는데, 어렵고 힘들어 보여도 포기하지 않고 꾸준히 노력하면 결국에는 목표를 달성할 수 있다는 교훈을 전달합니다.

고전 필사

오늘 나의 감사 일기

Day 32

가정 내 평온과 축복의 힘

"감사하는 마음으로 가득 찬 사람은 부족함이 없다."

- 윌리엄 셰익스피어

| 소담의 1일 5감사 일기

1. 아침에 일어나 보니 토리가 옆에서 새근새근 자고 있습니다. 건강하게 회복된 토리를 보니 안심이 되어 감사합니다.
2. 토리를 돌보다 가족들의 건강도 돌아보게 되었습니다. 모두 건강하게 각자의 일터로 향하는 모습이 참으로 감사하고 행복합니다.
3. 오늘 일정을 보며 여유롭게 업무를 진행할 수 있는 마음에 감사합니다.
4. 책 쓰기가 점차 깊이를 더해가고 있음을 느끼며 가슴이 두근거려 감사합니다.
5. 노트북 고장으로 강의안 작업이 잠시 멈췄지만, 오늘 중으로 해결될 것 같아 걱정하지 않고 감사합니다~♡

회복될 때까지 내 보살핌이 필요한 존재가 있음도 감사함이죠.

아침 햇살 속에서 눈을 뜨고, 옆에 자고 있는 토리를 보며 안심합니다.

"토리야, 잘 잤어?"

작은 소리로 말을 걸어보니, 살짝 몸을 움직이며 내 쪽으로 더 기대어 옵니다.

"그래, 토리야. 이제 우리 산책도 자주 가자!"

산책! 귀를 쫑긋 세우며 고개를 갸우뚱하는 토리가

"그래요. 엄마. 고마워요."

하는 것 같습니다.

"어이구. 쯧쯧쯧…. 얼마나 힘들었을까."

토리의 회복을 바라보다 문득 가족들 생각이 들었습니다. 토리가 회복해 평온한 얼굴을 보여 기쁘고, 함께 산책을 가자고 다짐합니다. 그 후, 가족들이 건강히 출근하는 모습을 보며 감사함을 느낍니다.

혼자 남은 후, 오늘 일정을 확인하며 여유 있게 시작할 수 있어 감사한 마음이 들었습니다. 책 쓰기 작업도 어느 정도 진전을 보고, 스스로 다짐하며 집중합니다. 그러나 갑자기 노트북 화면이 멈추어 당황했지만, 조치를 취해 오후에 다시 작업할 수 있게 되었습니다. 이 잠깐의 멈춤 덕분에 여유를 되찾고, 자신을 다독이며 하루를 마무리합니다.

저녁에는 토리와 산책을 하며 상쾌한 기분을 느낍니다.

감사에서 찾은 고전

은혜감사(恩惠感謝) : 값없이 베풀어 주시는 사랑의 선물이며, '감사(感謝)'란 고맙게 생각하는 태도, 고마움을 나타내는 인사, 고맙게 여김 또는 "어떡하면 내 마음을 전할까?"란 마음과 행동입니다.

가족화목(家族和睦) : 내 가정을 먼저 천국으로 만들고 내 마음을 천국으로 만듭니다. 가정이 화목하고 평화로우면 개인의 마음도 평안해지니 '수신제가치국평천하(修身齊家治國平天下)'의 가르침과 일치한다는 생각입니다.

고전 필사

오늘 나의 감사 일기

Day 33

오(5)감사 가족 밴드 개설

"감사는 영혼의 호흡과 같다."

-에릭 후퍼

소담의 1일 5감사 일기

1. 고단함에 잠든 사이 회원님들께서 서로 소통하며 나눈 대화들로 단톡방과 개인 카톡이 빨간불로 밤새 밝혀 있었던 걸 보고 행복한 웃음이 절로 나와 감사합니다.
2. 수요예배 성가대 찬양, 기도 올리며 유난히 은혜가 넘침에 감동의 눈물이 주르륵 흐릅니다. 은혜에 감사합니다.
3. 집사님 한 분의 1:1 코칭 기도 요청으로 카페에서 나눈 이야기에 가슴이 뭉클해집니다. 3회차로 코칭 들어가게 되었습니다. 라이프 코치로서의 삶을 살게 해주신 하나님 은혜에 감사합니다.
4. 주중엔 가족들이 시간이 맞지 않아서 온 가족이 예배드리기 쉽지 않은데 예배 후 귀가하여 은혜의 대화를 나눌 수 있었던 오늘 하루, 감사합니다.
5. 가족 밴드를 개설했어요. 가족이 함께 실행하기 쉽지는 않겠지만 보면서 서서히 따라 하라고 분위기를 잡아봅니다. 1일 오(5) 감사밴드 개설하게 되어 무한히 기쁘고 감사합니다~♡

존재만으로도 감사한 가족이지만 소통이 잘 된다면 더 큰 감동이 있겠지요.

하루가 풍성하게 시작됩니다. 아침에 단톡방에서 회원님들이 서로 응원하며 즐겁게 대화하는 걸 보고 마음이 따뜻합니다. 덕분에 기분 좋은 미소로 하루를 시작하게 됩니다.

오후에는 수요예배에서 찬양을 드렸고, 기도와 찬양에 집중하며 은혜를 깊이 느꼈습니다.

"아, 이런 느낌이 참 좋다. 오늘. 이 하루를 살아가고 있는 내가 좋다…."

마음이 뭉클해져서 눈물이 흘러내리기도 했습니다. 그저 감사한 마음입니다. 예배 후, 한 집사님과 라이프 코칭에 대해 대화를 나누었고, 그 귀한 대화에 감사한 마음이 들었습니다.

가족들과도 오랜만에 함께 모여 예배 후 대화를 나누며 서로를 이해하고 보듬는 시간이 소중했습니다. 그래서 가족들에게 감사 밴드를 시작하자고 제안했습니다.

"여기 매일 다섯 가지 감사한 일들을 올리는 거예요?"

"응. 길게 써야 하나. 짧게 써야하나 고민하지 말고 쓰되, 구체적으로 쓸 수 있도록 정성을 들이면 문장을 통해 저절로 감사 일기가 돼."

"꼭, 매일 써야 해요? 감사하게 느낄 때만 쓰면 되지 않나요?"

"매일 쓰도록 노력하되 우선 일주일만 그리고 21일만으로 늘려가 봐요."

함께 감사한 일을 적어보며, 감사의 의미를 더 깊이 나누는 가족이 고맙습니다.

감사에서 찾은 고전

일심동체(一心同體) : '여러 사람이 하나의 마음과 몸처럼 서로 함께한다'는 뜻으로, 온 가족이 함께 예배를 드리며 은혜를 나누고, 가족 밴드에서 서로 감사의 마음을 나누는 등 가족들과의 연결을 깊이 느끼고 하나 되는 마음을 표현하는 상황과 어울립니다.

지기지우(知己之友) : 서로를 이해하고 보듬어주는 소중한 지인들과 나누는 대화의 가치를 나타냅니다.

고전 필사

오늘 나의 감사 일기

May 24

온고창신, 평생 교육!

"감사는 행복을 끌어들이는 자기장이다."

- 루이자 메이 올컷

소담의 1일 5감사 일기

1. 토리가 가족의 정성으로 건강을 회복하며, 못 보던 애교까지 귀엽게 부리게 되어 감사했습니다.
2. 가천대학 평생교육원에서 가을 학기 지도교수로 참여하게 되어 감사했습니다.
3. 성남으로 오가며 이선희의 히트곡을 따라 부르며 마음의 힐링을 느낄 수 있어 감사했습니다.
4. 매일 '온고창신'의 마음으로 새로운 아이디어를 구상하고 실천할 수 있어 감사했습니다.
5. 가족들의 따뜻한 관심과 격려에 큰 감사를 느꼈습니다~♡

가족이 있고 최선을 다할 수 있는 내일이 있다면 주저할 이유가 없습니다.

오후에는 가천대 평생교육원 '평생 인생 설계' 가을 학기의 첫 수업 준비로 분주했습니다.

'이번 학기에는 어떤 아이디어로 학생들을 만날까?'

생각에 잠기다가 문득 가슴이 설렜습니다. 지도교수로 함께할 기회를 주신 것에 감사하며, 이번 학기는 나 자신에게도 새로운 도전의 시간이 될 것 같습니다.

수업을 마치고 성남으로 돌아오는 길, 오랜만에 이선희의 히트곡이 떠올라 노래를 틀었지요.

"사랑아~" 하고 노래가 나오자 나도 모르게 볼륨을 높이고 목청껏 따라 불렀습니다.

'아, 노래가 이렇게 좋은 힐링이 될 줄이야!'

한 소절 한 소절 따라 부르다 보니 복잡했던 생각들이 맑게 정리되는 느낌이었습니다.

'그래, 가끔 이렇게 목청 높여 노래하는 것도 참 좋구나.'

저녁엔 온고지신(溫故知新)의 정신으로 이번 수업 내용을 검토하며 더욱 새롭게 개선할 부분을 생각해 보았습니다.

'날마다 발전하고, 배움을 통해 조금씩 더 나아가자.'

해가 지면 돌아갈 따뜻한 가정이 있고, 가족들의 격려와 관심에 깊은 감사의 마음이 깃드는 보금자리가 있어 감사합니다.

'가족들이 이렇게 나를 믿어주고 응원해 주는 게 참 고맙지.'

미안할 정도로 나를 믿어주는 마음에, 나는 오늘 더 힘을 내고자 마음먹습니다. 가족을 위한 내 하루가 더욱 의미 있게 다가왔습니다.

감사에서 찾은 고전

온고창신(溫故創新) : '옛것을 익히며 새로움을 창조한다'는 뜻으로, 온고지신이 과거의 지혜를 통해 새로운 깨달음을 얻는 데 중점을 둔다면, 온고창신은 그 지혜를 바탕으로 현재에 새로운 아이디어와 가치를 창출하는 것을 강조합니다. 평생을 배우며 가는 인생이 가장 행복한 것 아닌가 싶습니다.

불광불급(不狂不及) : '미치지 않으면 미칠 수 없다'는 뜻을 가지고 있습니다. 모든 일에 집중하고 몰입해야만 그 일에 성공할 수 있다고 생각합니다.

고전 필사

오늘 나의 감사 일기

Day 25

주말, 자연 속에 물들이다!

"감사하는 마음은 세상을 더 아름답게 보게 한다."

- 헬렌 켈러

소담의 1일 5감사 일기

1. 건강식에 힘이 나는지 토리 컨디션이 좋아져 놀기도 하고 짖는 소리도 야물어졌습니다. 감사합니다.
2. 책을 쓰는 과정에서 존경하는 분이 도움의 손길을 내밀어, 그 덕에 책 작업이 수월하게 진행될 수 있어 감사했습니다.
3. 삶 속에 마주치는 복잡한 문제들을 선배 같은 언니의 경청과 나눔으로 풀어가며, 감사하고 복된 인연을 느꼈습니다.
4. 사람 사이에서 얻는 힘과 동시에 겪는 어려움 속에서도 올바른 가치를 찾아갈 수 있음을 배우며 감사했습니다.
5. 전형적인 가을 아침 하늘이 마음을 들뜨게 하고, 주말 드라이브로 자연 속에서 감성을 새롭게 충전하며 잠시라도 행복을 느낄 수 있어 감사합니다~♡

좋은 사람도 반려동물도 모두 나를 웃음 짓게 만드는 인연입니다

오늘 아침, 토리가 건강을 되찾은 덕분인지 방을 오가며 꼬리를 흔들고, 반가운 목소리로 짖습니다. 옆에서 보는데 그 힘찬 모습이 어찌나 기특하고 사랑스러운지, 괜히 웃음이 절로 나옵니다.

"토리야, 요즘 많이 좋아졌구나?"

혼자 중얼거리며 쪼그려 앉아 토리를 한참 쓰다듬어 줬습니다. 어느 때보다 맑아 보이는 가을 하늘도, 이렇게 건강을 되찾은 반려동물의 온기도 정말 감사한 아침입니다.

이런 기쁨을 품고 책상에 앉아 글을 쓰려니, 문득 얼마 전 도움을 주신 존경하는 선배가 떠오릅니다. 처음엔 고마운 마음이 부담스러워 손사래를 쳤지만, 결국 그분의 배려 덕에 책 쓰기가 한결 수월해졌습니다. 덕분에 이번

장은 걱정 없이 쓸 수 있었습니다. 책을 쓰는 일은 참으로 고독하고도 고된 작업이지만, 든든한 조력자가 있다는 것에 마음 깊이 감사를 느낍니다.

마침, 창밖으로 고운 가을 햇살이 내려앉습니다. 이렇게 멋진 날은 오래 머물고 싶고, 순간순간을 품고 싶어지는 것 같습니다. 마음이 들떠서 급히 주말 드라이브를 나서 봅니다.

"이제 계절이 참 깊어지네."라며 푸른 가을 하늘을 마주하니, 또다시 하루가 감사로 채워집니다.

| 감사에서 찾은 고전

지란지교(芝蘭之交) : '지란의 술에 취해 지란의 향기를 맡으며'라는 의미를 가지고 있습니다. 이 구절은 친구와의 우정을 나타내는 표현으로 자주 사용됩니다. 아름다운 향기처럼 우정과 도움을 주고받는 귀한 사람들과의 인연을 의미합니다. 주변에 그런 인연이 되어 감사합니다.

인정물의(人情物意) : '사람의 정과 물건의 의미'라는 뜻으로, 사람과 사물 사이의 관계에서 사람의 정과 물건의 의미가 서로 영향을 주고받는다는 의미를 담고 있습니다.

고전 필사

오늘 나의 감사 일기

"감사함으로써 우리는 매일을 더욱 소중히 여긴다."

-헬렌 켈러

Day 36

감사의 힘, 일상이 소소한 선물

"감사함으로써 인생은 더욱 빛나게 된다."

- 조지 허버트

소담의 1일 5감사 일기

1. 토요일 새벽 한세대학으로 내편님과 독서클럽을 갔다가 NLP 힐링 코칭 과정 시간에 늦을 것 같은 나를 위해 내편님도 중간에 나와 지하철역까지 태워주어 편하게 그리고 늦지 않게 도착하여 감사합니다.
2. 지하철에 타자마자 자리가 있어서 앉아 책을 보며 갈 수 있어 감사합니다.
3. 최○균 소장님의 훌륭하신 진행은 물론 NLP 힐링 코칭 과정을 함께하신 훌륭하신 분들로 더욱 교육열이 뜨거웠고, 시간 가는 줄 모르는 수업 때문에 감사합니다.
4. 임○연 선생님의 칭찬과 아이스크림 덕에 자연스레 최O균 소장님의 생일을 축하하는 자리가 되어, 따뜻한 시간이 되어 감사합니다.
5. 귀갓길에는 내편님께서 지하철역으로 나와 무거운 가방 들어주셔서 너무 감사합니다~♡

6
주
차

곁에 있는 사람들의 따뜻한 배려를 잊으면 안 돼요.

새벽에 내편님과 함께 한세대학에서 열리는 독서클럽에 참석하고, 뒤이어 NLP 힐링 코칭 과정에 가기 위해 서둘러야 했습니다. 그 와중에 내편님이 바쁜 시간에도 불구하고 지하철역까지 태워주었기에 편안하게 이동할 수 있었습니다.

"여보, 고마워요. 덕분에 편하게 도착했어요!"

마음 깊이 느껴지는 고마움에 환하게 웃어봅니다.

오늘 코칭 과정에서 최○균 소장님의 따뜻한 진행과 열정적인 학습 분위기는 정말 인상 깊었습니다. 함께한 동료들 역시 열의로 가득 차 있어 배움에 대한 열정이 느껴졌고, 시간 가는 줄 모르게 학습에 몰두할 수 있었습니다. 서로 배우고 나누며 더 나은 길을 모색할 수 있는 이 시간이 얼마나 감사한지 모릅니다.

오후엔 뜻밖의 기쁨도 있었습니다. 임○연 선생님이 동안이라는 칭찬을 받으며 밝게 웃으셨고, 자리에 있던 동료들에게 아이스크림을 나누어 주었습니다. 모두가 환한 미소로 아이스크림을 들고 있을 때, 마침 최○균 소장님의 생신이라 해서 축하의 자리로 자연스럽게 이어졌습니다.

"오늘은 정말 잊지 못할 하루가 되겠어요!"라는 말로 그 따뜻한 순간을 함께 나누었습니다.

귀갓길에는 내편님이 저를 위해 역에 나와 무거운 가방을 들어주었습니다.

"내 짐은 내가 들어도 되는데, 왜 일부러 여기까지 나왔어요?"라고 물었지만, 내심 그 마음이 너무나 따뜻하게 느껴져 미소가 절로 지어졌습니다.

감사에서 찾은 고전

지기지우(知己之友) : '자신을 알아주는 친구'라는 뜻으로, 서로 이해하고 돕는, 진심 어린 관계의 소중한 동료와의 우정을 의미하지요. 맹자는 "자신을 알아주는 친구를 만나는 것은 인생의 큰 기쁨이다."라고 말했습니다.

일거양득(一擧兩得) : '한 번에 두 가지를 얻는다'는 뜻으로, 예상하지 못한 기쁨과 축하의 순간을 동시에 경험한 감사한 시간을 의미하지요.

고전 필사

오늘 나의 감사 일기

Day 37

빗질한 구름, 감사의 강가로

"감사는 영혼의 가장 아름다운 선물이다."

- 헨리 나우웬

소담의 1일 5감사 일기

1. 세무사님이 친절하게 결산 보고를 준비해 주셔서 감동받았네요. 감사합니다.
2. 도서관이 휴무라 잠시 차 안에서 책을 읽다가 깊이 빠져들어 독서에 집중할 수 있었네요. 나도 놀란 집중력에 감사합니다.
3. 하늘의 구름을 바람이 빗질해 놓은 듯 구름이 너무 아름다워 잠시 하늘을 바라보며 평화로운 감동을 느낍니다. 감사합니다.
4. 지난주에 써 놓은 100감사 족자를 보면서 갑자기 뭉클. 감사 빚을 지고 있는 것도 감사합니다.
5. 내편님께서 감기 기운 있는 나에게 이겨내라며 따뜻한 차를 건네주며 나눈 따뜻한 대화가 소중하게 느껴져 감사합니다~♡

늘 하는 일이나 늘 함께하는 사람에게 최선을 다하는 마음은 소중한 가치입니다.

소소한 순간들이 감사로 다가와 마음을 따뜻하게 채워준 하루였습니다. 아침, 세무사님으로부터 결산 보고가 도착했을 때, 꼼꼼히 준비해 주신 친절함에 감동을 느꼈습니다.

"이사장님, 메일 확인해 주시고요. 궁금하신 사항 있으면 말씀해 주세요."

"어머나, 아직 날짜가 있는데 벌써 다 하셨어요? 고맙습니다."

"네, 미리 해 놓아야 편해서요."

"네, 그렇긴 하죠. 살펴보고 궁금한 사항 있으면 전화 드릴게요. 즐점하세요."

"감사합니다. 이사장님도요."

마치 작은 배려와 세심한 마음이 문서 속에서 전해지는 듯했습니다.

"이런 섬세한 정성에 보답해야겠어요!"

마음속으로 다짐하면서 감사의 마음을 담아 커피 쿠폰을 보내드렸습니다.

한참을 지나 잠시 외출해 도서관에 도착했지만, 공교롭게도 휴무일이었습니다. 대신 야외 주차장에서 창밖을 바라보며 준비해 온 책을 펼쳤습니다. 차 안에서 홀로 읽는 책 속의 글들이 유난히 집중력 있게 다가와 시간 가는 줄 모르고 빠져들었습니다.

"이렇게까지 집중할 수 있다니!"

감사하며 스스로도 놀라웠습니다. 뿌듯한 마음으로 문득 고개를 들었을 때, 하늘엔 구름이 바람에 빗질된 듯 아름답게 펼쳐져 있었습니다. 마치 천사가 고운 손길로 하늘을 정돈한 듯, 맑고 시원한 가을 하늘은 내 마음까지 청명하게 해주었습니다. 바람에 흩날리는 구름을 바라보며 잠시 평화로운 사색에 잠겨 감사한 마음으로 하늘을 바라보았습니다.

| 감사에서 찾은 고전

천고마비(天高馬肥) : '하늘은 높고 말은 살찐다'는 뜻으로, 가을 하늘처럼 맑고 기분 좋은 시기에, 독서를 하는 순간, 감사와 풍요로움을 느끼는 상황이 너무 좋았습니다.

유유자적(悠悠自適) : '여유롭고 편안한 마음으로 자유롭게 지내다'라는 뜻으로, 여유롭고 평온하게 삶의 작은 기쁨을 즐기는 것을 나타내며, 일상 속 잔잔한 감사와 연결되기도 합니다.

고전 필사

오늘 나의 감사 일기

Day 38

너를 닮은 아침의 상쾌함이

"감사는 마음을 가볍게 하고 삶을 풍요롭게 만든다."

-찰스 디킨스

소담의 1일 5감사 일기

1. 이른 아침 창문을 열며 완연한 가을로 익어가는 냄새가 감동이네요. 감사합니다.
2. 오늘 할 일들 계획표를 점검하며 할 일이 빼곡히 있다는 것에 감사했습니다.
3. 출근하는 친구가 하늘을 보며 갑자기 전화해서 "야! 오늘 아침 느낌이 너 닮았다!
   그래서 전화했다."라고 하는 순간 친구랑 화통하게 웃었습니다. 감사합니다.
4. 오전에 강의 일정이 있었는데 부지런히 갈 곳이 있다는 게 감사합니다.
5. 수강자들의 기대에 찬 모습이 자꾸 떠올라 두근두근~행복합니다. 감사합니다~♡

나를 기다리는 것은 사람이든 일이든 언제나 반갑습니다.

이른 시간에 창문을 열자마자 선선한 가을 냄새가 코끝을 스칩니다. 여름을 지나 가을로 접어드는 이 시기, 아침 공기는 상쾌하면서도 뭔가 가득 찬 느낌이 듭니다. 창문 밖으로 바람이 지나갈 때마다 마치 한 계절이 숨 쉬듯 온 집안이 가을 향기로 가득 차네요.

그 순간, "아, 가을이 정말 왔구나."라는 생각에 마음이 따뜻해집니다.

아침 계획표를 점검하면서도 작게나마 행복을 느낍니다. 오늘 해야 할 일들이 빼곡하게 적혀 있는 그 목록이 왠지 모르게 위안이 됩니다. 무언가에 집중할 수 있고 목표를 이루기 위해 하루를 바쁘게 보낼 수 있다는 사실이 감사하게 다가옵니다. 분주하게 움직이지만, 그 안에서 목적을 찾을 수 있다는 것만으로도 내 삶이 충만해진 느낌입니다.

출근길에 친구가 전화해서는 다짜고짜 "야! 오늘 아침 공기가 너를 닮아서 전화했다!"라고 합니다. 순간 웃음이 빵! 터져 나와 서로 화통하게 웃었어요. 친구의 작은 배려 속에서 저 또한 사람들에게 소소한 즐거움을 줄 수 있는 존재라는 생각이 들어 뿌듯함을 느낍니다.

"별 싱거운 소릴 다하네. 한가한가?"

"싱거우면 소금은 셀프! 넌 너무 바쁘게 사는 것 같아서 자연에서 오는 기쁨을 누려보라고 해본 거야. 기분 좋지?"

"고마워."

가을 아침 공기를 마시며 부지런히 강의장으로 향할 수 있다는 게 얼마나 감사한지 모릅니다. 친구와 격의 없는 통화도 기분 좋았고, 수강자들 얼굴에 담긴 호기심 어린 표정을 떠올리니 두근두근 설레는 마음이 커집니다. 이 모든 것이 그저 고맙기만 합니다.

| 감사에서 찾은 고전

자강불식(自强不息) : '스스로 노력하고 쉬지 않는다'는 뜻으로, 자기 계발과 노력의 중요성을 강조하는 데 사용되며, 감사의 마음을 표현하는 데에도 적합합니다.

선우후락(先憂後樂) : '먼저 근심하고 나중에 즐거움을 누리다'라는 뜻입니다. 이 사자성어는 어려운 상황에서도 먼저 할 일을 미리 계획하고 점검함으로써 강의와 교육을 철저히 준비하고, 나중에 보람과 감사를 느끼는 마음과 잘 맞습니다.

고전 필사

오늘 나의 감사 일기

Day 39

잃어버린 마음을 찾아서

"감사는 내가 가진 것을 더 가치 있게 하고 만족스럽게 한다."

- 소담 한만정 감사 마스터

소담의 1일 5감사 일기

1. 어제 나눈 그림책 『마음 여행』에서 주제 '잃어버린 마음을 찾아서'는 함께하신 선생님들에게 큰 울림이 되었습니다. 공허함을 달래는 치유적 프로그램이 되어 감사합니다.
2. 심리적 아픔을 잘 이겨내려고 애쓰시는 ○○님에게 1:1 코칭을 해온 지 7개월째. 많은 변화와 성장이 보여 코치로서의 가치를 느낄 수 있어 감사합니다.
3. 1인기업을 시작하게 된 후배 강사들이 인터뷰 요청한 날이 다가와 미용실에 다녀오니 내가 봐도 예쁘네용~ 멋진 선배의 모습으로 함께할 수 있어 감사합니다.
4. 중소기업 팀장급 역량 강화 땜빵 강의 요청이 와서 마침 가능해서 준비하게 됩니다. 감사합니다.
5. 내편님께서 요즘 쓸쓸하니 외롭다기에 저녁 시간은 말벗을 해주었더니 편안하게 쉬는 모습입니다. 감사했습니다~♡

보잘것없어 보이는 내 삶도 누군가에게 쓸모가 있습니다.

하루를 시작하며 마음을 정리합니다. 어제 나눴던 그림책 『마음 여행』이 문득 떠오릅니다.

'잃어버린 마음을 찾아서'라는 주제로 각자의 이야기를 나눴던 선생님들 얼굴이 생생하게 떠오릅니다. 그림책 한 권을 통해 오랜 시간 묻어둔 감정들이 천천히 풀어지는 것을 느꼈고, 그 과정에서 많은 분들이 공허함 속에서 작은 치유의 실마리를 찾는 듯해 감사했습니다. 이런 프로그램이 함께 위로를 나누는 소중한 시간이 되었음을 느낍니다.

"안 돼! 마음이 없어졌어요."

"갖고 싶은 것도, 하고 싶은 것도, 되고 싶은 것도 없어져 버렸어요."

그렇게 시작한 마음 여행은 우리의 정체성을 되찾으며 자존감을 회복시켰습니다. 격려하고 위로하는 따뜻하고 의미 있는 시간으로 청소년 상담에도 잘 활용되는 책입니다. 함께하시는 권 코치님은 어쩜 그리 표현을 공감력 있게 하시는지 항상 감동입니다.

오늘로 7개월째 1:1 코칭을 진행하고 있는 ㅇㅇ님을 만났습니다. 처음 만났을 땐 심리적 아픔이 깊어 보였던 그분이 이제는 많이 밝아지고, 세상을 보는 눈도 훨씬 너그러워졌음을 느낍니다. 서로의 대화 속에서 "이젠 조금 괜찮아진 것 같아요."라며 고마운 미소를 보이시는 모습에 작은 도움이 될 수 있었던 제 역할이 소용이 있었나 보다 싶어 감사했습니다.

감사에서 찾은 고전

이타정신(利他精神) : '다른 이를 이롭게 한다'는 의미로, 상대를 먼저 생각하고 그를 돕기 위해 헌신하는 정신을 의미합니다. 이는 코칭과 나눔의 자세에서 드러나는 중요한 마음가짐입니다.

신의성실(信義誠實) : '믿음과 의리를 바탕으로 성실하게 살아가는 것'이라는 의미로, 사람과 사람 사이에서 신뢰를 쌓고, 의리와 성실함으로 관계를 맺어가는 모습을 강조하는 표현입니다. 우리는 모두 신의성실의 자세로 사람을 대해야 할 책임이 있습니다.

고전 필사

오늘 나의 감사 일기

Day 40

반짝반짝 빛나는 삶 가운데로

"감사는 우리에게 이미 충분한 것들을 발견하게 한다."

- 멜로디 비티

소담의 1일 5감사 일기

1. 1인기업 후배 강사님들의 요청으로 한 인터뷰를 잘 마치며 도움을 줄 수 있어서 감사하며, '인생디자인학교' 단톡에 초대하게 되어 감사합니다.
2. '해피 미라클 모닝'을 외치며 가슴 뛰며 자기 경영 해온 지 벌써 6년. 많은 것이 이루어졌음에 감사하게 됩니다. 200명 있는 단체에서 특강 의뢰가 들어와 다음주 제안서 들고 1차 미팅을 하게 됩니다. 잘 될 거라 믿고 마음을 평온하게 유지해 감사합니다.
3. 추석 명절이 다가오며 첫 명절을 맞아 사돈댁 선물을 어떻게 해야 하는데 하고 고민하니 아들, 며느리가 알아서 하겠다며 마음만으로도 감사하다고 합니다. 애들 말이 얼마나 고마운지 감사합니다
4. 이번 추석에는 홀로 계신 어르신 한 분과 시간을 보내게 되었는데 생각만 해도 벌써부터 설레네요. 감사합니다.
5. 가족들의 건강한 지원이 없으면 지금의 나는 이렇게 살아갈 수 없었습니다. 감사 일기를 쓸 때마다 뭉클하며 더 사랑하며 살아야겠다는 마음이 샘솟듯 생깁니다. 감사합니다~♡

매진할 수 있는 목표는 언제나 에너지의 근원입니다.

어느 때보다 감사한 마음이 가득 차올랐습니다. 아침에 일어나 일정을 정리하며, 오늘도 많은 일들이 내게 주어졌다는 사실이 고마웠습니다. 특히 후배 강사님들의 인터뷰 요청을 받고, 그들에게 조금이나마 도움이 될 수 있었다는 점이 매우 기뻤습니다. 그동안 쌓아온 경험을 나누며, 후배들에게 조금이나마 길을 밝혀줄 수 있다는 것에 감사하고, 그들과 함께하는 '인생디자인학교' 단톡방에 초대할 수 있었던 것도 큰 의미가 있었습니다. 이 기회가 나를 더 성장시키고, 그들에게도 도움이 되는 소중한 시간이라는 생각에 감사한 마음이 저절로 들었습니다.

그러고 나서 6년 동안 꾸준히 실천해 온 '해피 미라클 모닝'을 떠올렸습니다. 매일 아침, 가슴 뛰며 자기 경영을 해온 시간이 벌써 6년이 되어가네요. 그동안 많은 것이 이루어졌고, 그 과정에서 느낀 수많은 기쁨과 성취에 감사한 마음을 가질 수 있게 되었습니다.

가장 감사한 점은, 내가 지금 이 순간을 살아갈 수 있는 힘이 바로 가족들 덕분이라는 사실입니다. 그들의 건강한 지원과 사랑이 없었다면 지금의 나는 이렇게 행복하게 살아갈 수 없었을 것입니다. 감사 일기를 쓸 때마다 그들의 사랑과 지지가 얼마나 소중한지 다시 한번 깨닫게 됩니다. 이 마음을 잊지 않고, 더 사랑하며 살아가야겠다는 다짐이 자연스럽게 생깁니다.

감사에서 찾은 고전

자아성찰(自我省察) : '자기 자신을 돌아보며 반성한다'는 의미로, 자신의 행동이나 생각을 깊이 반성하고 성찰하는 과정에서 성숙해지고 더 나은 방향으로 나아갈 수 있다는 가르침을 담고 있습니다.

호연지기(浩然之氣) : '큰 뜻과 대범한 기개'를 의미하는데. 이 사자성어는 용감하고 대담한 정신을 나타내며, 감사의 마음을 표현하는 데에도 적합합니다.

고전 필사

오늘 나의 감사 일기

Day 41

스스로 올바름을 좇는 용기

"감사는 가슴에 피어나는 따뜻한 기쁨이다."

- 헬렌 켈러

소담의 1일 5감사 일기

1. 모 교수님께서 그동안의 경험과 아이디어로 콘텐츠 개발을 하시는데 도움을 요청하셔서 도와드렸는데 매우 흡족해하셔서 다행이네요. 감사합니다.
2. 인천에 있는 한 고등학교에서 '감사경영과 자살 예방' 수업을 잘 마쳐서 감사합니다.
3. 이사회를 할 때 적극적 경청을 하며 논의가 뜨거워 성장의 느낌이 들어 감사합니다.
4. 초중 방과 후 수업 의뢰가 들어와 행복한 고민을 하게 되어 감사합니다.
5. 컴퓨터가 바이러스 먹어 프레젠테이션 프로그램과 일부 작업이 안 되어 동동거리는데, 딸의 도움으로 다행히 응급조치를 하고 강의안을 수정할 수 있어서 감사합니다~♡

만족스럽지 못한 오늘이 있으니 멈추지 않는 것이겠지요.

오랜만에 만나 뵌 모 교수님이 콘텐츠를 개발해 교육 과정을 열어보고 싶다며 도움을 요청하셨고, 옆에서 충분한 의도를 듣고 간단히 교육안을 드렸더니 다행히도 교수님께서 매우 흡족해하셨습니다. 앞으로도 이 과정을 함께 만들어가자는 제안도 주셨습니다. 저의 작은 기여가 누군가에게 기쁨과 도움이 될 수 있다는 사실에 마음이 뿌듯했습니다.

"한 교장은 아이디어가 참 좋아요. 사회성도 부럽고."

"에구, 별말씀을요. 교수님이 무엇을 고민하고 계시고 어떻게 하고 싶으신 건가를 생각해서 조금 의견 드렸을 뿐이에요. 과찬이십니다."

"아냐 아냐, 절대 그냥 인사치레 말이 아니야. 한 교장은 충분한 리더십도 있는데 아쉬워."

"고맙습니다. 그럼 뭐해요. 이러고 살고 있는데요."

"자신을 살릴 수 있는 공부를 해봐."

"아이참, 교수님. 그게 어디 되나요? 저는 조금 더 준비해야 해요. 말씀은 고맙습니다."

"어어. 헛소리 아니니 잘 숙고해 봐. 너무 아까워서 진지하게 말해 주는 거야."

"네, 교수님. 감사합니다."

돌아오는 길에 내내 귓전에 맴돌고 있습니다. '잘 생각해 봐.'

나이 60이 다가오는데 사회에서 원하는 학력이 안 되어 있고…. 충분한 사회성은 되는데 어떻게 해야 하지….

나에게 역량을 검증할 '학력'이 필요하다는 생각이 듭니다. 아직 늦지 않았습니다. 다시 두 주먹을 불끈 쥐는 저녁입니다.

| 감사에서 찾은 고전

와신상담(臥薪嘗膽) : '나무를 베고 쓸개를 맛보다.'라는 뜻으로 '고난을 극복하고 성공을 위해 고된 인내로 결심을 다진다'는 의미를 지니고 있습니다. 어려운 상황에서도 포기하지 않고 자신의 목표를 향해 노력하는 의지를 나타내고 역량을 키우기 위해 다시금 마음을 다잡고 자신을 채찍질하는 상황에 적합합니다.

상부상조(相扶相助) : '서로 돕고 의지하며 살아가는 관계'를 뜻합니다. 교수님과의 협업, 가족의 도움을 받으며 느낀 따뜻한 감사와 연결됩니다.

고전 필사

오늘 나의 감사 일기

Day 42

기적적인 삶 감사 동행 프로젝트

"감사함으로써 우리는 삶의 진정한 기쁨을 발견한다."

- 헬렌 켈러

소담의 1일 5감사 일기

1. 한겨울 추운 날씨에도 베란다 창을 통해 비치는 따스한 햇살 덕분에 아늑하게 쉴 수 있는 집이 있음에 감사합니다.
2. <기감동프> 프로그램을 통해 감사 일기를 쓰며 불편함과 탐욕을 직면하고, 문제를 해결하며 성장으로 전환할 수 있어 감사합니다.
3. 선생님들과 함께 감사 일기를 쓰며 서로 응원하고 용기를 얻는 시간에 감사합니다.
4. 오랫동안 마음에 맺혀 있던 긴장을 내려놓고, 누군가를 용서하며 놓아줄 수 있는 기회에 감사합니다.
5. '감사는 또 다른 미래에 대한 희망이다.' 감사와 연애하듯 빠져들며 행복을 느낄 수 있는 이 시간에 감사합니다.~♡

베고니아와 햇볕은 내 편이었어요.

아침 햇살이 거실 깊숙이 들어왔습니다. 따스한 햇볕을 손바닥으로 잠시 만지며, 베고니아의 빨갛게 물든 잎사귀와 함께 잠시 마음을 나눴습니다.

"베고니아야, 잎이 빨개졌네."

"햇볕 덕분이야."

"정말 예쁘다. 사진으로 남겨볼까?"

"히힛."

최근 불편했던 인간관계로 고민이 많았지만, 아침 햇살과 베고니아 덕분에 얼어 있던 마음이 서서히 녹았습니다. 스스로를 위로하며 셀프코칭을 시작했습니다.

"지금 감정은 어때요?"

"혼란스러워요. 꼭 이렇게 해야 하나 싶기도 하고요."

"어떻게 하고 싶은데요?"

"문제의 본질을 함께 찾고, 원인을 나누며 해결하고 싶어요."

"그렇군요. 본인이 원하는 건 문제해결이라고 보면 되나요?"

햇볕이 비추는 거실에서 스스로의 마음과 깊이 대화하며 눈물을 흘렸습니다. 햇살과 베고니아는 마치 어깨를 토닥이며 "괜찮아요, 힘내요. 다 잘될거예요."라고 속삭이는 듯한 따스한 위로를 전해주었습니다.

감사에서 찾은 고전

심심상인(心心相印) : '마음은 마음으로 전해지는 도장'이라는 뜻으로, 햇살과 베고니아를 의인화하여 마음을 내려놓고 셀프코칭을 통해 마음과 마음이 서로 이어지길 바라는 마음과 닮았네요.

감사감응(感謝感應) : '감사는 반응을 가져온다', '모든 일에 감사하라 이는 그리스도 예수 안에서 너희를 향한 하나님의 뜻이니라' – 데살로니가전서 5:18. 하나님의 뜻으로 우리가 어떤 상황에서도 감사할 수 있는 마음을 가지도록 격려하고 있습니다.

고전 필사

오늘 나의 감사 일기

"감사할 줄 아는 마음은 모든 고통을 뛰어넘는다."

-윌리엄 워드

Day 43

인생, 아름다운 향연의 선율을 타고

"행복은 자신이 가진 것에 감사할 줄 아는 데서 온다."

- 플라톤

소담의 1일 5감사 일기

1. 코치협회의 공감 음악회에 내편님과 지인들과 함께 참석했습니다. 음악회는 정말 감동과 힐링의 시간이었고, 내 주변의 사랑하는 사람들과 함께 이 순간을 누릴 수 있어 참으로 행복했습니다. 음악이 마음을 어루만져 주는 것 같아 더욱 감사합니다.
2. "인연은 하늘의 몫이며, 만남의 지속은 우리의 몫이다."라는 말이 요즘 들어 더욱 마음에 와닿습니다. 스쳐 갈 뻔했던 인연들이 내 일에 관심을 가져주며, 그들과 함께하는 시간 속에서 더 큰 행복을 느끼게 됩니다. 인연의 소중함과 그들이 내 삶에 주는 의미에 감사합니다.
3. 추석을 앞두고 내편님과 함께 명절 준비를 하며 필요한 양념들을 정리했습니다. 마늘을 까서 깔끔하게 마무리까지 하니, 추석에 올 아들과 며느리를 맞이할 준비가 끝난 듯 마음이 뿌듯하고 설렜습니다. 오랜만에 온 가족이 한자리에 모이는 모습을 상상하니 참으로 행복하고 감사합니다.
4. 내편님은 든든한 존재로, 때로는 집안일을 도와주는 친구 같고, 내 마음을 이해해 주는 동반자이기에 더욱 감사합니다. 그의 존재가 저에게 큰 힘이 되며 늘 곁에 있어 주는 그 사랑이 고맙고 감사합니다.
5. 오늘은 하루 동안 일상 글쓰기와 사이버 학습을 잠시 쉬며 충전의 시간을 가졌습니다. 늦은 밤 다시 시작할 수 있는 여유와 새로운 에너지로 글을 쓸 수 있어 감사합니다. 쉼을 통해 새로운 시각으로 다시 시작할 수 있게 되어 감사합니다~♡

함께하는 것이야말로 우리 삶에 큰 힘이 됩니다.

"당신, 오늘 음악회 참 좋았죠. 이 시간이 참 소중하네요."라고 하니, 내편님도 고개를 끄덕입니다.

"그러게, 참 좋네."

간단한 대답이지만 많은 걸 내포하고 있음을 알기에 짧은 대화에도 행복했습니다. 음악이 마음을 다독여 주고 동행하는 인생 길동무로서 서로의 마음을 좀 더 이해하게 만들어 주는 느낌이었습니다. 이 순간이 잊을 수 없는 행복이고 훗날 추억을 소환할 때 미소 지을 우리 인생 이야기가 되겠죠.

부부라는 인연으로 삶의 모진 풍파도 함께 헤쳐오고 기쁨과 행복도 함께 누리며 온 세월이 오늘 밤따라 새록새록 피어납니다. 늘 고맙고 든든한 나의 편으로 있는 내 당신께 감사합니다.

| 감사에서 찾은 고전

부창부수(夫唱婦隨) : '남편이 노래하면 아내는 따라 춤춘다'는 뜻으로, 부부 간의 조화와 협력을 나타냅니다. 서로가 서로의 감정을 이해하고 공감하며 함께 행복을 만들어가는 부부의 모습을 표현합니다. 이 사자성어를 통해 부부가 서로를 지지하고 함께 성장하는 아름다운 관계를 나타낼 수 있습니다.

군자유구(君子有久) : '군자는 오래간다'는 뜻으로, 군자의 덕과 인격이 오래도록 유지된다는 의미를 담고 있습니다. 이와 유사한 사자성어로는 군자지덕(君子之德)이 있습니다.

고전 필사

오늘 나의 감사 일기

Day 44

감사 바이러스로 핀 인생 경영

"감사는 삶을 밝히는 빛이다."

- 윌리엄 아더 워드

소담의 1일 5감사 일기

1. 매일 감사의 힘으로 하루를 시작하고 마무리하게 하는 감사는 내 인생을 이끌어주는 큰 동력이 되었습니다. 감사로 죽고 감사로 살아가는 인생 경영이 시작된 지금, 내 삶은 더욱 풍요로워져 감사합니다.
2. 딸이 오랜만에 다시 운전을 시작했어요. 딸의 침착함과 대처 능력을 보고 아빠도 놀랄 정도였지요. 열심히 연습하고 나서 온 가족이 개성만두로 푸짐한 저녁을 나누며 대화를 나누니, 이렇게 또 함께하는 순간에 감사합니다.
3. 행복한 주말을 보낸 후, 늦은 밤부터 나의 일상이 시작되어 아침까지 꼴딱~ 하얗게 새버린 집중력에 감사합니다.
4. 이 한 주간의 계획 안에 추석 연휴가 있습니다. 그 동안 못 뵈었던 분들을 간(間)만에 뵈올 생각하니 더욱 감사합니다.
5. '감사'는 삶을 풍요롭게 합니다. 내 몸의 피와 같이 흐르고 있는 감사에 대해 좀 더 깊이 연구하고 성찰할 기회를 주신 것에 감사합니다~♡

감사는 바로 나를 풍성하게 만드는 규범입니다.

감사의 힘이 얼마나 큰지를 다시금 느끼게 되었습니다.

"당신, 요즘 우리 가정이 감사로 가득한 것 같지 않아요?"

내편님에게 이렇게 물었습니다.

"그게 모두 당신 덕분이지. 감사 일기를 쓰면서 달라진 게 느껴져요."

내편님은 미소를 지으며 격려해 줍니다.

이 말에 내 마음이 더욱 따뜻해졌습니다. 이제 감사는 내 삶의 중심에 자리 잡아, 감사를 느끼지 않는 하루를 보내는 일이 상상이 안됩니다. 감사를 느끼고 기록하고 새롭게 떠올리며 표현하니 삶이 더욱 아름답게 다가옵니다. 꾸준히 써 온 감사는 오랜 세월이 지나도 바로 어제일처럼 생생하게 떠오릅니다. 감사가 내 삶 속에서 피처럼 흐르고, 그로 인해 내 삶이 한층 더 풍요로워진다는 것을 실감합니다.

범사에 감사하라는 성경 구절처럼, 일상 속 크고 작은 모든 일에 감사하는 마음을 갖게 되었습니다. 감사는 남이 아닌 나를 위한 뜻임을 느끼며, 앞으로도 감사하며 살아갈 것을 다짐하고 노력하게 됩니다.

| 감사에서 찾은 고전

심사숙고(深思熟考) : '깊이 생각하고 충분히 고려한다'는 뜻으로, 감사를 일상에서 어떻게 표현할지 깊이 생각하고 실행하는 태도입니다.

군자표변(君子豹變) : '군자는 자기의 허물을 고치는 것이 표범이 자기 무늬를 자주 바꾸는 것처럼 신속하다'라는 뜻으로, 덕망 높은 사람이 다른 사람에게 모범이 되어 변화의 본보기가 된다는 의미를 담고 있습니다.

고전 필사

오늘 나의 감사 일기

Day 45

붕우유신의 뜻을 세워

"감사는 긍정적인 마음을 키우는 최고의 비료다."

- 달라이 라마

소담의 1일 5감사 일기

1. 며칠째 거의 밤을 새우다시피 하는데 전날 밤을 꼬박 새웠더니 오전에 1:1 코칭에서 몸이 무거웠습니다. 상담할 때 컨디션 회복을 위해 몸풀기를 먼저 하고 나니 한결 개운해져 감사합니다.
2. 홍O기 교수님과 강사 역량 과정을 진행했는데 수강하신 선생님들께서 홍O기 교수님의 교수법에 만족스러워 하시는 모습들로 교육장이 열기가 후끈 달아올랐습니다. 좋은 교육을 진행할 수 있어서 감사합니다.
3. 강의 시연을 정말 열심히들 준비하셔서 감동이었습니다. 몇 분은 바쁜 스케줄로 준비가 미비했지만 모두 소중한 피드백들을 나누어 감사합니다.
4. 늦은 밤 강 이사님과 하루 일과를 소통하며 집으로 향하는 길. 밤하늘에 별들이 엿듣고 함께 즐거워하는 것 같아 감사합니다.
5. 오늘만큼은 지금은 휴식을 취해야 할 때임을 몸으로 느끼고 바로 씻고 잠을 청해 충전했네요. 감사합니다~♡

동료의 감사를 담은 말 한마디로도 한없이 평안한 잠자리에 들 수 있습니다.

"교수님, 이렇게 좋은 교육을 함께할 수 있어서 정말 감사합니다."라고 말씀드리니, 교수님도 매우 기뻐하시더군요. 좋은 교육을 진행할 수 있는 기회에 감사하며, 앞으로도 함께 더 나은 교육을 만들어가기로 다짐했습니다.

귀갓길 강 이사와 통화하면서 밤하늘을 올려다보니 별들이 반짝이며 마치 우리의 대화를 들으며 함께 즐거워하는 것 같았어요.

"오늘 하루도 정말 수고 많으셨어요."라고 이사님이 말씀하시자, 별빛 아래에서 우리의 대화가 더욱 특별하게 느껴졌습니다. 이런 순간들이 내 마음을 따뜻하게 만들어 줍니다.

"저녁에는 오늘 하루 동안의 피로를 풀기 위해 바로 씻고 잠자리에 들어가야겠어요. 아니닷. 글쓰기와 사이버 학습을 빨리 마치고 쉬어야겠네."

"제발, 오늘만큼은 정말 푹 쉬세요. 그러다 쓰러져요. 무슨 당신 몸이 무쇠인 줄 아세요?"

나보다 더 나를 아끼는 이사님 마음이 느껴져 고마웠습니다. 이렇게 하루를 마무리하며, 다시 시작할 내일을 기대하게 됩니다. 감사합니다.

| 감사에서 찾은 고전

붕우유신(朋友有信) : '친구 사이의 도리에는 믿음이 있다'는 뜻으로, 중국의 사상가 맹자가 한 말입니다. 벗들 간의 신의와 신뢰를 강조하는 말로, 서로에게 믿음과 지지를 주는 친구 관계를 나타냅니다.

적소성대(積小成大) : '작은 노력이 모여 큰 성과를 이룬다'는 뜻으로, 하루하루 일과를 그냥 당연하듯 흘려보내지 않고, 관찰하고 성찰하는 가운데 감사와 작은 준비가 쌓여 더 나은 자신이 되어가는 모습과 연결됩니다.

고전 필사

오늘 나의 감사 일기

Day 46

인지위덕하고 역경지감이라

"매일 감사하는 마음은 내일의 행복을 준비하는 것이다."

- 에이미 콜린스

소담의 1일 5감사 일기

1. 20여 년 전의 큰 교통사고 후로 몸이 자주 경직되고 통증이 느껴집니다. 3주를 미루다가 결국 경락 마사지를 받았습니다. 덕분에 어깨와 등 통증이 한결 줄고 피로가 부드럽게 풀려, 오랜만에 몸이 가벼워진 느낌이 감사합니다.
2. 인문 고전 독서 모임에 참여하시는 모든 분과 함께 지적 여행을 시작하며 아침을 맞이할 수 있었습니다. 독서로 새로워진 생각들과 서로의 열정에 활기를 느낄 수 있어 감사합니다.
3. 함께 일하는 동료가 최근 직장 내 갈등으로 큰 스트레스를 받고 있었습니다. 충분히 경청하고, 공감하며 그의 마음을 다독여 힘이 되어주는 소중함에 감사합니다.
4. 강의를 통해 밥벌이를 한다는 것이 결코 쉬운 일은 아니지만, 매달 적자를 감수하면서도 저를 지지해 주고 도와주는 내편님께 고마운 마음입니다. 그의 도움과 배려 덕분에 내 꿈을 향해 나아갈 수 있는 용기를 얻어 감사합니다.
5. 삶의 의미와 가치를 깊이 생각하는 하루였습니다. 모든 것을 움켜쥐고 싶은 욕심도 있지만, 한 손은 기꺼이 타인을 위해 내밀 수 있는 여유가 생겨 감사합니다~♡

감사하는 마음이 삶의 질을 높이고, 역경 속에서도 성숙과 행복을 준비하게 합니다.

지혜롭고 현명한 사람은 치밀어 오르는 욕망이나 분노를 억제할 수 있는 능력이 있습니다. 인문 고전에서 수많은 인물이 위기를 이겨내고 삶을 새롭게 바라보는 이야기를 함께 나눌 수 있어서 큰 힘이 됩니다. 특히 공자의 말에는 "군자는 평상시에 감사할 줄 알지만, 소인은 불평이 많다."라는 것이 있습니다.

문제가 생길 때마다 실망하고 탓하는 대신, 문제에 담긴 의미를 들여다보면 그 안에 답이 보이고 삶의 다른 모습들이 보이기 시작한다고 하는 듯합니다. 이 이야기는 내게 깊은 울림을 주었습니다. 살다 보면 일과 사람 관계에서 뜻을 세운 대로 이루어지지 않는 경우가 종종 있습니다. 이에 감사를 먼저 생각한다는 건 미친 짓이라고 생각했습니다. 위선이라고 박박 우겼습니다. 그러던 나에게 문제에 직면하고 '왜' 그 일이 있어났는지, 그리고 '어떻게' 하면 되는지 깊이 생각하며 방법을 찾기 시작했습니다. 어긋난 일이 의외로 가볍게 풀리기도 했습니다.

공자의 말에는 단순히 감사의 순간을 떠올리는 것을 넘어, 감사로 매 순간을 채우는 삶의 지혜가 있다는 것을 깨닫는 시간이 되었습니다.

| 감사에서 찾은 고전

인지위덕(忍之爲德) : '참아내는 것이 덕이 됨'이라는 뜻으로, 옛말에 '참을 인(忍)자 셋이면 살인도 면한다'고 했습니다. 또 매사에 잘 참는 것이 아름다운 덕(德)이라고도 합니다. 사람이 이뤄내는 덕이라는 의미로, 덕을 쌓아 인격을 완성하고자 하는 노력을 가리킵니다.

역경지감(逆境之感) : '어려운 상황이나 역경 속에서 느끼는 감정'을 나타내는 사자성어로. 이는 어려운 시기나 도전에 직면했을 때, 인내와 강인함 그리고 내면의 힘을 발견하는 감정을 의미합니다. 역경을 통해 우리는 성장하고 강해질 수 있으며, 어려움을 극복하는 과정에서 자기 자신을 더욱 이해하고 발전시킬 수 있습니다.

고전 필사

오늘 나의 감사 일기

Day 47

막역지우, 관포지교

"감사는 사랑의 가장 순수한 형태이다."

- 헬렌 켈러

소담의 1일 5감사 일기

1. 아침에 비가 오는 관계로 이틀간 친구와 지냈던 잔상이 고스란히 살아나 배시시 웃을 수 있는 이 아침 감사합니다.
2. '나는 친구가 좋습니다.' 가족, 형제자매만큼이나 좋습니다. 세상을 얻은 것 같은 기분이 들 때면 반드시 친구가 떠오릅니다. 세상 사람들과 친구 삼아 살아가는 내 삶이 감사합니다.
3. 가까이에서 함께 일하며 함께 꿈을 일구어 가는 좋은 친구, 강 이사님이 계셔서 늘 든든하고 감사합니다.
4. 강 이사와 주 2회 강남에서 둘만의 회의 일정. 일거수일투족을 공유하는 멋진 파트너십을 만들어가고 있어 감사합니다.
5. 비 갠 저녁 무렵 하늘의 뭉게구름이 여유롭습니다. 더 욕심 부리지 말고 어제, 오늘만 같으면 좋겠네요. 반짝반짝 빛나는 오늘이 감사합니다~♡

감사의 눈으로 보면 이미 충분하다는 것을 깨달아요.

아침에 비가 내립니다. 빗방울 사이로 어제와 그제 친구와 함께 보냈던 시간이 더욱 선명하게 떠오릅니다. 빗소리를 들으며 한동안 생각에 잠기다 보니 저절로 입가에 미소가 지어졌습니다. 나는 정말 친구가 좋습니다. 가족이나 형제자매만큼이나 친구가 소중하게 느껴질 때가 있습니다.

세상이라는 넓은 바다에서 길을 잃을 것 같을 때마다, 친구가 나침반처럼 내 앞에 떠오릅니다. 세상 사람들과 친구 삼아 함께 어울리며 살아가는 내 삶에 감사하지 않을 수 없습니다.

특히, 가까이에서 함께 일하며 꿈을 함께 이루어가는 친구 강 이사님이 있어 든든하고 감사합니다. 사업 파트너이자 인생의 동반자로서 강 이사님과 주 2회 강남에서 만나는 회의 일정은 어느새 중요한 삶의 일부분이 되었습니다. 강 이사님과 대화할 때마다 삶의 방향이 명료해지는 것 같아 든든하고 한없이 고맙습니다.

저녁 무렵, 비가 그친 하늘을 올려다보니 구름이 한가롭게 흘러가는 모습이 보입니다. 반짝이는 구름 사이로 밝아지는 저녁 햇살이 너무나 아름답습니다. 이 순간을 어떻게 동여매지 못해 안타까워할 때 문득 '더 욕심 부리지 말고, 오늘 이대로도 충분하니 만족하자. 시간이라는 배를 띄워 흘러가는 것은 흘러가도록 내버려두자. 올 것은 또 오는 거야.'라는 생각이 들었습니다. 하루하루가 소중하고 빛나는 순간이라는 것을 오늘 깨달을 수 있어 감사합니다.

| 감사에서 찾은 고전

막역지우(莫逆之友) : '매우 친하고 의리가 깊은 친구'를 의미하는데, '서로 거스르지 않는 친구'라는 뜻으로, 서로를 이해하고 존중하며, 어떤 어려움에도 지지 않고 함께 하는 친구를 나타냅니다.

관포지교(管鮑之交) : '관중과 포숙아의 교제'라는 뜻으로, 친구 사이에 매우 친하고 서로를 깊이 이해하며, 서로를 위해 헌신하는 관계를 의미하지요. 친구 관계가 깨질 상황이 와도 자기 이익을 포기하고 상대방을 배려하여 친구 관계를 유지했다는 고사가 있습니다.

고전 필사

오늘 나의 감사 일기

Day 48

수십 년 만에 찾은 죽마고우

"감사는 진정한 사랑의 표현이다."

- 프란시스 메이어

소담의 1일 5감사 일기

1. 친구가 멀리서 찾아오는 날입니다. 며칠 전부터 설레고 어떻게 시간을 알차게 보낼까 행복한 고민도 했습니다. 가족들에게 양해를 구하고 우리집에서 하룻저녁 잘 계획인데 온전히 친구와만 있을 것을 생각하니 너무 행복해 감사합니다.
2. 중학교 졸업 후 다른 친구를 통해 소식만 들을 수 있었지만 서로의 건강과 성장을 위해 계속해서 기도하던 친구가 되었음을 감사합니다.
3. 오늘이 생일인 친구를 위해 과천에 있는 맛집에 갔는데 친구는 주변 분위기와 음식 맛에 흡족해했습니다. 식사 후 손을 꼬옥 잡고 산책을 했는데 1초도 입가에 웃음이 사라지지 않았습니다. 감사합니다.
4. 부모님과 형제들 안부를 묻고 나누며 서로가 만나왔던 중학교 친구들 소식을 공유하고 살아온 이야기꽃을 피우느라 두어 시간밖에 못 잤지만 피곤하지 않음에 감사합니다.
5. 내일은 산과 바다가 편안하게 우리를 안아 줄 구봉도에 갈 기획을 세웠습니다. 친구가 매우 궁금해하며 기대에 차 기뻐하니 감사합니다~♡

오랜만에 만나는 친구와의 설레는 만남은 다른 무엇과도 바꿀 수 없습니다.

“지난번 얘기했던 내 친구가 오는 날이 오늘이네요.”

“어, 벌써 오늘이야? 어디 사는 친구라고 했지?”

“천안요. 중학교 졸업 후 처음 보는 거라 심장이 뛰네요.”

“그래? 언제 와?”

“응, 조금 있으면 올 거예요. 밖에서 자는 것보다 우리집에서 나랑 하룻저녁 자고 내일 둘이 구봉도도 가려고…. 구봉도는 나지막한 숲과 바람 그리고 바다로 들어가며 햇빛이 물결에 반사되어 반짝이는 윤슬을 보는 것

또한 환상적이거든.”

“그래. 알았어. 내가 어떡하면 되는데?”

“아니. 당신 할 거 없어요. 그냥 저녁엔 같이 먹고 차 마시고 편히 쉬게 하면 돼요.”

좀처럼 시간이 가지 않습니다. 시계를 보고 또 보고…. 어차피 시간 되면 지하철역으로 나갈 건데도 서성이며 베란다 밖으로 당정역만 바라봅니다. 얼마나 변했을까? 중학교 때 모습 그대로 있겠지… 등등 가슴이 쫄깃거려 물도 안 넘어 갑니다.

마침, 오늘이 친구의 생일이라는 걸 알았기에 과천에 한가로운 야외 식당으로 예약도 해 놨고, 내일 이 친구와 헤어지기 전까지 모든 스케줄은 수십 년 만에 보는 친구와 충분히 즐길 시간들로 기획했습니다. 얼마나 설레는 시간인지!

감사에서 찾은 고전

지란지교(芝蘭之交) : ‘지초(芝草)와 난초(蘭草)의 교제’라는 뜻으로, 벗 사이의 맑고도 고귀한 사귐을 이르며 깊은 우정 관계를 의미합니다.

죽마고우(竹馬故友) : ‘함께 대나무로 만든 말을 타고 놀던 오랜 친구’를 뜻합니다. 어렸을 때부터 성인이 된 다음까지 연락을 하며 계속 친한 사이에서 쓰는 말입니다.

고전 필사

오늘 나의 감사 일기

Day 49

유유자적, 인생의 한 페이지

"감사하는 순간 우리는 진정한 행복을 누리게 된다."

- 프란시스 메이어

소담의 1일 5감사 일기

1. 친구와 이틀째 아침. 내편님과 함께 둘러앉은 아침 식탁. 어제 미리 끓여 놓은 시원한 미역국과 몇 가지 반찬으로 행복하게 먹을 수 있어서 감사합니다.
2. 며칠 전 계획했던 대로 이틀째 되는 오늘은 산과 바다가 우리를 안겨줄 '구봉도'로 향했습니다. 지명만으로도 좋아하는 친구가 너무 예뻐서 감사합니다.
3. 아홉 개의 봉우리가 있다는 섬, 구봉도. 8번째, 9번째 봉우리 사이에는 아치 다리로 이어져 이를 개미허리 다리라고 한다네요. 시원한 바닷바람과 넘실거리는 바다 물결 따라 산등성이 나뭇잎들과 우리들 웃음 섞인 이야기도 노랫소리처럼 풍성하여 감사합니다.
4. 돌아올 때는 바닷가 길로 걸으며 바다 내음 풀씬 느끼며 바다에 내려앉은 낙조의 빛깔 감상도 할 수 있어 감사합니다.
5. 이른 저녁을 먹고 친구와 헤어질 시간. 아쉬운 마음 꾹 누르고 서로 다시 볼 날을 기약하고 잘 지내기를 소원하는 아름다운 헤어짐 감사합니다~♡

긴 세월이 흘러도 변함없이 서로를 아끼고 응원하는 우정에 감사합니다.

"친구야. 우리 후딱 먹고 일어나자. 구봉도 둘레길을 오전에 돌면서 내려올 땐 바닷길로 오는 거야."

"응, 그래. 서두르자."

시원한 바닷바람을 가슴 가득 안으며 구봉도 산허리 둘레길에서 우리는 이야기꽃을 피웠습니다. 종달새, 참새도 그냥 신이 났습니다. 8개 봉우리를 지나니 개미허리 다리가 나와 마지막 작은 봉우리 하나가 우리를 반깁니다. 바다는 경이로움 자체였습니다. 멀리서 고깃배들이 들락거리고, 하늘의 구름도 우리를 자꾸 따라오고 있습니다. 어느새 내려갈 시간이 되어 바닷길을 타고 주차장으로 왔습니다.

"구봉도 정말 멋졌지! 바닷속으로 이어진 아홉 개 봉우리랑, 그 다리… 이름이 뭐였지? 개미허리 다리?" 그는 웃으면서 기억을 더듬었어요.

"맞아! 개미허리 다리! 그리고 너 말대로 바다로 바다로 들어가며 우리를 환영이라도 하듯 바다에 펼쳐지는 윤슬이 진짜 환상이었어."

"나는 바닷바람, 넘실대는 파도 소리 모두 너무 좋았어."

"어제, 오늘 정말 알차게 보냈다."

어느새 헤어져야 할 시간. 우리는 서로 손을 잡고 아쉬움을 표현했습니다.

"이제 우리 언제든 다시 만날 수 있잖아. 소중한 친구를 만나 함께 한 시간만으로도 충분히 감사하지. 조만간에 우리 또 연락하고 보자."

그의 말에 마음이 따뜻해졌어요.

감사에서 찾은 고전

청풍명월(淸風明月) : '맑은 바람과 밝은 달'이라는 뜻으로, 구봉도의 청명한 자연 속에서 친구와 느낀 행복하고 여유로운 순간을 담아 표현했습니다.

유유자적(悠悠自適) : '느긋하고 편안하게 즐기는 것'을 의미하며, 바닷길을 따라 친구와 거닐며 자연 속에서 편안하고 소중히 지낸 시간을 기록한 인생 한 페이지의 모습입니다.

고전 필사

오늘 나의 감사 일기

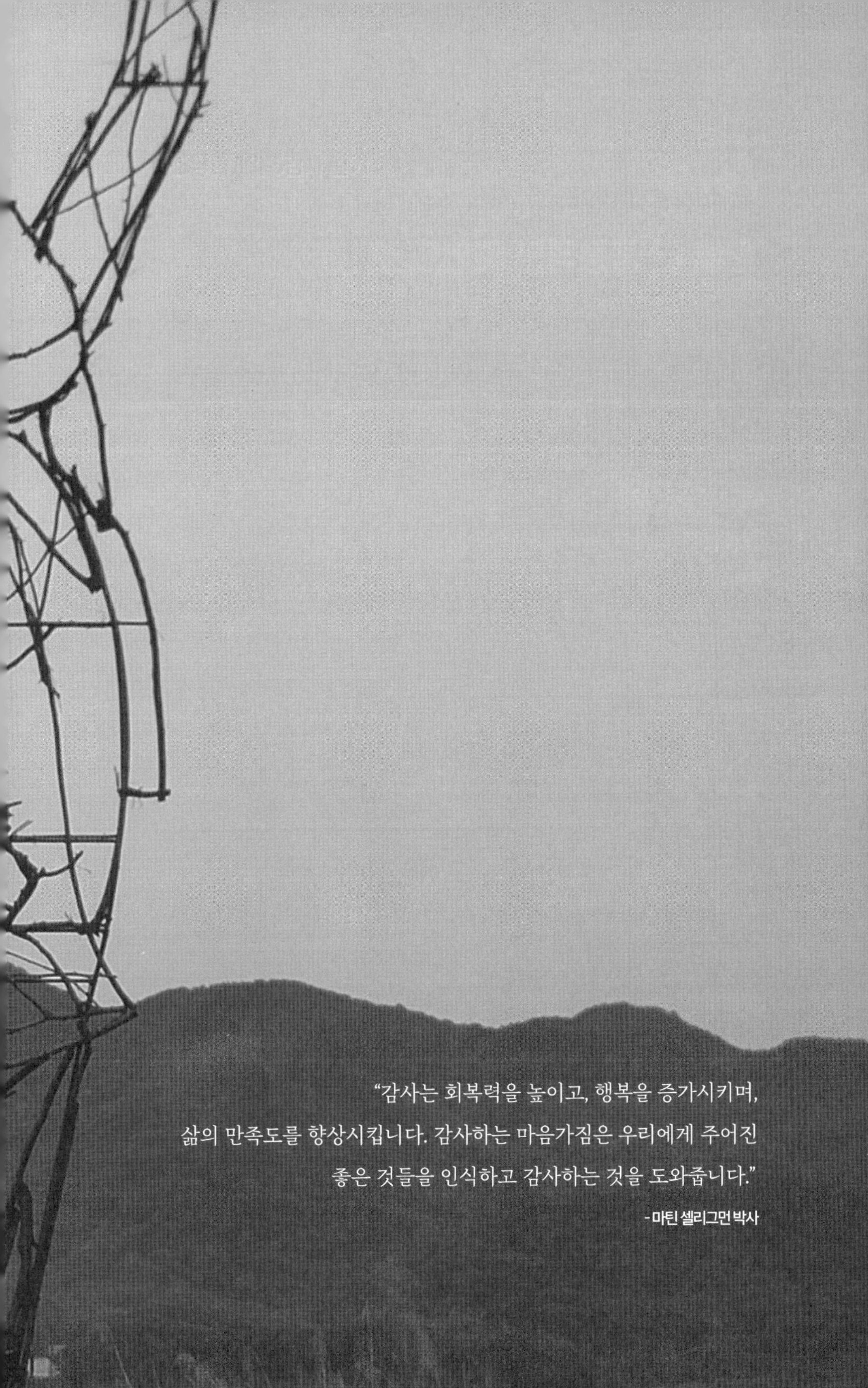
"감사는 회복력을 높이고, 행복을 증가시키며,
삶의 만족도를 향상시킵니다. 감사하는 마음가짐은 우리에게 주어진
좋은 것들을 인식하고 감사하는 것을 도와줍니다."
- 마틴 셀리그먼 박사

Day 50

오늘 더 긍정적인 마인드 셋

"감사는 시각을 재구성한다."

- 로버트 에몬스 박사

소담의 1일 5감사 일기

1. 매일 새벽 '새낭독' 독서 모임을 통해 좋은 책과 만나고 관찰하고 성찰하고 나눕니다. 오고가는 메시지 안에서 통찰력도 얻게 되어 감사합니다.
2. 오늘 나의 '원워드'는 '태도'입니다. 태도는 개인뿐 아니라 함께하는 이들의 상호작용과 의사결정에 영향을 미치는 데 아는 만큼 긍정적인 말과 행동을 할 수 있어 감사합니다.
3. 직장 내 갈등으로 능력을 발휘하지 못하고 의욕마저 잃게 된 ○○○님께 삶의 의미와 가치 그리고 인생 목표를 1:1 코칭을 통해 설계해드릴 수 있어 감사합니다.
4. 코칭에서 지난 회기에 성장 키워드로 다듬어진 '사명문'과 '비전'을 정리하신 최OO님이 매일 사명문을 기록하고 외치며 에너지 넘치는 한 주간 되었다는 경험담을 나누어 감사합니다.
5. 좋은 의도를 가지고 함께 협력하는 마음을 한결같이 지켜나가기엔 어려운 걸까. ○○님과 예기치 않은 일로 갈등이 시작되어 고민이 많아질 때마다 나 자신을 되돌아보며 성찰할 기회를 가져 감사합니다~♡

같은 책을 읽고도 사람마다 다르게 느끼니, 내 마음이 풍성해지는 이유입니다.

매일 새벽이 되면 '새낭독' 독서 모임에서 책을 읽는 시간을 얼마나 소중히 여기는지 몰라요. 새벽 5시 30분부터 1부와 2부로 진행되어 아침 8시에 종료합니다.

'함께 읽고 나눔 속에서 오늘은 무슨 통찰이 다가올까?' 책을 펼칠 때마다 나도 모르게 설렘이 일어납니다. 우리 인생디자인학교 독서 모임은 독서 후 나누는 대화 속에서 각자 살아온 경험과 환경에서 발생되는 고민 또는 희망이 섞여 새로운 시각이 열리는 그 시간이 자연 치유적 시간이 되고 있습니다.

오후에는 클라이언트와 사명문을 쓰는 연습을 했습니다. 그는 지난주에 자기만의 사명문을 다듬어 한 주간 외치며 자신을 격려했다고 했습니다.

"코치님, 매일 사명문을 되새기고, 매일 5감사 일기를 쓰고 있는데 내 하루가 달라졌어요."

그가 건네는 한마디가 저에게도 깊은 울림이 되었습니다. 하루를 마무리하며, 최근에 겪었던 갈등도 되돌아보게 되었습니다.

'좋은 의도를 가지고도 왜 이런 충돌이 일어날까?'하는 의문이 계속 있었지만, 갈등 속에서도 스스로를 돌아보며 성찰할 기회를 가질 수 있어 감사했습니다. 그리고 마음속에서 조용히 깨달습니다. '진정한 성장은 이런 날카로운 순간에서 찾아오는 것 같다'고요.

| 감사에서 찾은 고전

온고지신(溫故知新) : '옛 것을 익히고 새 것을 안다'는 뜻으로, 과거의 지식과 경험을 바탕으로 새로운 것을 배우고 익히는 것을 의미하지요. 전통적인 지식과 현대적인 지식을 조화롭게 결합하여 새로운 아이디어와 혁신을 창출하는 데에 도움이 되는 철학적인 개념입니다.

반구저기(反求諸己) : '잘못을 자기에게서 찾는다'는 뜻으로, 어떤 문제가 발생했을 때 다른 사람을 탓하지 않고, 먼저 자기 자신의 행동과 태도를 돌아보고 반성하는 태도를 의미합니다.

고전 필사

오늘 나의 감사 일기

Day 51

힘들고 막막할 때 고전에서 길을 묻는다

"감사는 모든 덕목의 어머니이다."

- 마르쿠스 툴리우스 키케로

| 소담의 1일 5감사 일기

1. 오래된 문제들로 최근 부쩍 일들이 얽히고설키면서 머리가 무거워 혼자서 해결해 보려고 애썼으나 몸만 아프네요. "이제는 놓아보자. 내가 다 안고 가기보다는 흐름에 맡기자." 이렇게 생각하니 놀랍게도 복잡했던 머릿속이 차분해지고 가벼워지면서 감사한 마음이 들었습니다.
2. 과정을 다시 정리할 수 있도록 옆에서 세세하게 조언해 주신 교수님이 계셔서 감사합니다.
3. 어물쩡 넘어갈 뻔했던 일들을 차분히 살펴보니 근본 원인을 찾을 수 있었습니다. 마음이 많이 아프고 아쉬움도 크지만, 놓아야 해결된다는 통찰이 생기며 혼란스러운 상황에서도 필요한 결정을 내릴 수 있어 감사합니다.
4. ○○대학교 평생교육원에 프로그램 론칭 요청이 들어와 이사님들과 회의를 통해 장단점을 분석한 결과 이번에는 보류하고 다음 기회를 보자고 마음을 모을 수 있어 감사합니다.
5. 누구보다도 나를 지켜보는 이가 계시고, 그분께 모든 것을 의탁할 수 있다는 사실이 언제나 큰 위안이 되어 감사합니다~♡

내려놓으면 정말 중요한 것이 보입니다.

어려움 속에서도 긍정적인 시각을 유지하는 습관이 중요한데, 이때 어려움을 이길 수 있는 밝은 에너지를 발견하는 것도 중요합니다. 문제는 우리 삶의 자연스러운 일부이며, 이를 통해 우리는 성장하고 발전시켜 가기도 하지요.

노자는 "환난 속에서 기회를 찾다."라고 말합니다. 어려움 속에서도 우리는 새로운 가능성을 발견할 수 있다는 뜻이지요. 인문학자 최종엽 교수님

사무실에 방문했습니다. 교수님께서 쓰신『원려, 멀리 내다보는 삶』책을 권유하셨습니다. 이 책의 표지에 대표적인 메시지로

"멀리 볼수록 삶의 목표가 더욱 분명해지고, 위기와 불안에도 절대 흔들리지 않는다!"

라고 쓰여 있습니다.

문제를 해결하기 위해서는 급한 마음에서 나오는 근시안적 사고를 벗어나 문제의 본질을 먼저 이해하고, 삶의 원칙을 세워 가능한 해결책을 궁리하고 '옳고 의로운 일을 시도하는 자세'를 가져야 합니다. 의로운 일에는 반드시 하늘이 돕지만, 사람이 마땅히 해야 할 일은 해야 한다는 것을 알아갑니다. 조용해지는 마음속에서 '앎은 행동으로, 행동은 삶으로 삶은 나누며 간다.'라고 내 삶에 대한 정의를 내려 봅니다.

감사에서 찾은 고전

유종지미(有終之美) : '끝이 좋아야 아름답다'는 뜻으로, 과정의 정리와 결단을 통해 일들을 잘 해결해 나가는 데 적합합니다.

무심이행(無心而行) : '마음이 없이 행동한다'는 뜻으로, 어떤 행동이나 일을 할 때 마음속에 욕심이나 애착이 없이 순수하게 행동하는 상태를 의미합니다. 마음을 비우고 순수하게 행동함으로써 더 큰 성과와 내면의 평화를 얻을 수 있다는 철학적 개념을 나타냅니다.

고전 필사

오늘 나의 감사 일기

Day 52

너무 일찍 별이 된 친구

"감사는 영혼을 고요하고 평온하게 만든다."

- 조지 허버트

소담의 1일 5감사 일기

1. 코로나19가 수많은 생명을 앗아가는 현실 속에서 가까운 지인들의 비보가 전해져 마음이 아팠지만, 그들이 나에게 얼마나 소중한 사람들이었는지를 깨달을 수 있어 감사합니다.
2. 새벽 조용한 시간, 친구 남편의 전화가 왔습니다. 어제까지만 해도 잘 견디는 것 같던 친구가 결국 하늘나라로 떠났다고 했습니다. 황망한 마음에 다급히 천안으로 내려가 친구를 떠나보내기 위한 장례 절차를 도왔습니다. 천사 같았던 친구는 이제 천국에서 평안히 쉬겠지요. 이렇게라도 친구와 함께할 수 있어 감사합니다.
3. 마음이 몹시 헛헛할 친구 남편을 잠시라도 위로할 수 있어서 감사합니다.
4. 친구의 장례 절차 동안 내 곁에서 함께 도와주고 배려해 준 내편님 덕분에 힘든 순간에도 의지할 수 있었고, 넉넉함을 느끼며 순조롭게 일을 마칠 수 있었습니다.
5. 이 일로 평범한 일상이 얼마나 귀하고 감사한지 새삼 깨달으며, 평범하지 않은 일 역시 배움의 기회가 됨을 느끼게 해주셔서 감사합니다~♡

사랑하는 사람이 있다면 지금 사랑한다고 말하세요.

새벽 4시, 갑자기 전화벨이 울렸다.

"여보, 이런 새벽에 누가 전화할까?"

받아보니 친구 남편의 떨리는 목소리가 들려왔다.

"만정 씨, 어제 다녀가셔서 위로해 주셨는데… 우리 ㅇㅇ가 결국 떠났어요…."

그 말을 듣는 순간, 우리 부부는 곧바로 천안으로 향할 준비를 했습니다.

"내일 해야 할 일 많았잖아. 괜찮겠어요?"

"지금은 그게 중요하지 않아요. 가서 친구를 위해 해줄 수 있는 건 다 해

주고 싶어요."

그렇게 친구의 빈소에 도착해, 가족들과 함께 장례 절차를 돕고 부고 문자를 보내며 손님 맞을 준비까지 모두 마쳤습니다. 잠시 혼자 빈소에 앉아 멍하니 생각해 봅니다.

"정말 착하고 따뜻한 친구였지. 이제는 하늘에서 평안하게 쉬고 있겠지…."

그 시간 동안 묵묵히 곁에서 나를 도와주던 내편님을 보며 참으로 고마웠습니다.

"당신 없었으면 내가 어떻게 했을까요. 참 든든했어요."

"당신이 힘들어할까 봐 걱정돼서…. 내가 같이 돕고 기다렸다 태우고 가는 게 좋을 것 같아서."

이번 일로 일상의 평범함이 얼마나 소중한지 다시금 느낍니다. 특별한 일 없는 날도, 힘든 일이 있는 날도 모두가 감사할 순간임을 가슴 깊이 새기며 평온을 되찾습니다.

감사에서 찾은 고전

수처작주(隨處作主) : '어느 곳에서든 주인이 되라'는 뜻으로, 어떤 환경이나 상황에서든 주체적으로 행동하고, 자기 자신의 주인으로서 책임감 있게 행동하는 태도를 강조합니다.

지성감천(至誠感天) : '지극한 정성으로 하늘을 감동시킨다'는 뜻으로, 정성이 지극하면 하늘도 감동해 소원을 이루어준다는 의미입니다.

고전 필사

오늘 나의 감사 일기

Day 53

너 떠난 자리에 등불이 되어

"감사하는 마음은 영혼의 등불을 켜준다."

- 토마스 칼라일

소담의 1일 5감사 일기

1. 친구를 잃은 슬픔은 내 인생의 일부를 잃은 것입니다. 일주일이 멀다 하고 전화 통화하며 좋은 것 있으면 함께 나누었던 친구이기에 더욱 가슴이 아파옵니다. 친구의 음성이 들려옵니다 '정아야, 너무 일에만 빠져 있지 말고 건강과 가정도 챙겨라.'라고…. 친구는 곁을 떠났지만 따뜻한 음성이 귓가에 맴돕니다. 내 곁에 머물러 있음을 감사합니다.
2. 카톡으로 정OO 소장님께서 자녀 과제를 돕다가 답답함에 도움을 요청하셨습니다. 요즘 어린이들 과제가 과제에만 국한된 것에 공감하며 개선책을 찾아 정리할 수 있어 감사합니다.
3. 고객 한 분의 회복탄력성 지수에서 긍정성 영역이 제일 높게 나왔고 그 중에서도 감사 수치가 제일 높았습니다. 의욕이 없고 힘든 상황에서도 감사를 찾을 수 있어 감사합니다.
4. 친구를 잃은 슬픈 마음이 오래갈 듯합니다. 그런 와중에도 일상을 위한 감정 조절을 할 수 있어 감사합니다.
5. 이사님께서 직장과 개인 사정으로 부쩍 고단하셔서인지 소원해진 것 같습니다. 안식년을 가지도록 권유했습니다. 잘 회복하고 건강하게 함께 할 수 있기를 바라며 상황을 배려하여 감사합니다~♡

떠난 친구가 있다면 최대한 많이 추억하세요.

"정아야, 이제 내가 없는 일상을 잘 견뎌야 해. 너무 일에만 빠져 있지 말고 건강도 가정도 잘 챙기고…."

"기지배…."

친구의 따뜻한 목소리가 여전히 귓가에 맴돕니다. 늘 함께였던 친구가 떠났다는 사실이 믿기지 않아 하늘을 올려다보며 조용히 한숨을 내쉬다 나도 모르게 눈물이 주르르 흐릅니다.

"하나님, 내 친구 많이 안아 주세요. 그곳에서는 아프지 않게 도와주세요."

"그래. 하나님이 ㅇㅇ씨 잘 돌봐 주실 거야. 이리와 앉아."

남편이 조용히 손을 내밀어 나를 감싸줍니다. 나는 한참 동안 그의 손을 꼭 쥐고 친구와의 기억을 떠올립니다.

이렇게 친구의 떠남으로 생긴 마음의 빈틈을 애도하고 다른 관계 속에서 채워 나가려 노력하는 내가 스스로 기특하게 느껴졌습니다.

며칠 후, 고객의 상담 보고서를 검토하던 중 눈에 띄는 부분이 있었습니다.

"회복탄력성 지수에서 긍정성 점수가 가장 높네요. 감사를 느끼는 부분이 제일 높아요."

나는 고객님의 상담보고서 점수를 통해 슬픔 속에서도 감사의 힘을 되새기며 새로운 용기를 얻을 수 있었습니다.

감사에서 찾은 고전

우정지의 (友情之誼) : '친구와의 우정과 의리를 표현하는 말'로, 떠난 친구를 향한 깊은 애정을 담을 수 있습니다.

감불생심 (甘不生心) : '감사하는 마음에서 욕심이나 불만을 품지 않고, 현재의 삶에 감사하는 태도를 의미'합니다.

고전 필사

오늘 나의 감사 일기

Day 54

여보, 아침 준비 같이 할까요?

"감사는 모든 불안과 걱정을 사라지게 한다."

- 알버트 슈바이처

| 소담의 1일 5감사 일기

1. 주말 아침 고전독서모임을 마치고 내편님과 아침 준비를 하니 여유롭고 편안하게 아침 식사를 할 수 있어 감사합니다.
2. KPC 전문 코치 자격을 준비하는 예비 코치님들을 도왔습니다. 시험에 필요한 여러 가지 피드백을 해 드리면서 나도 배우는 기회가 되었습니다. 피드백이 많은 도움이 되었다고 이야기해 주어서 감사합니다.
3. 잠깐 여유 시간이 되어 내편님과 의왕 왕송저수지에 가 드라이브도 하고 저수지 둘레길 산책도 할 수 있어 감사합니다.
4. 돌아오는 길에 마트에 들려서 몇 가지 찬거리를 사와 정성껏 반찬으로 완성. 냉장고 안이 푸짐해져 기쁘고 감사합니다.
5. 조용히 책상에 앉아 정리를 하는데 관계에서의 불편함에 마음이 다시 복잡해집니다. 원인을 찾으려 할수록 오히려 더 괴로움에 빠지네요. 오랜만에 사위가 알려준 채널에서 지나간 드라마를 봤습니다. 16회 전편을 밤까지 새며 몰아서 다 보니 잠시 일상을 떠난 듯한 가뿐한 마음에 감사합니다~♡

나를 위한 변함없는 목소리가 있어서 안심합니다.

"여보, 아침 준비 같이 할까요?"

고전독서모임을 마치고 나오자마자 나를 반기는 내편의 목소리가 유난히 따뜻합니다.

"네, 우리 천천히 준비해서 여유롭게 먹어요."

주말 아침의 작은 여유가 이렇게나 감사한 순간일 줄은 몰랐습니다.

어제 저녁 충분히 끓여 놓은 된장찌개의 김이 모락모락 구수한 향기를 안아 올립니다. 요즘은 내편님들이 주방에서 잘 돕기는 한다고 하지만 우리 내편님은 주부 구단이라 할 만합니다. 일중독에 빠진 아내 덕분에 손도 빠르고 깔끔하게 잘 합니다. 주방에까지 핸드폰 들고 와 음식을 태우는 나를 보고 "들어가. 들어가. 일해요. 음식도 집중을 해야 하는데 건성으로 하니 음식을 다 태우지."

"미안해요. 흐름이 끊기니 집중을 안 할 수는 없는데, 당신이 도와줘서 고마워요."

"내가 차려준 밥상에서 밥 먹는 날이 더 많으니 이 주방은 내 거네요."

"하하하, 그래요. 당신 공간으로 가지세요. 누구라도 주인처럼 해줘야 윤기도 나는 거죠."

"아주 핑계 김에 잘 되었다는 거지? 특별 요리사 초청으로 할 때나 주방에 서고. 그때만이라도 한다는 것도 감사해야지. 에구 내 팔자야."

감사에서 찾은 고전

동심협력(同心協力) : '마음을 함께하여 협력하다'라는 뜻으로, 하나의 목표를 위해 한마음으로 서로 협력하는 부부의 모습을 의미합니다.

명경지수(明鏡止水) : '밝은 거울과 정지된 물'이라는 뜻으로, 고요하고 깨끗한 마음을 가리키는 말입니다. 우리는 스트레스나 갈등으로 마음이 혼란스러운 때가 많습니다. 그럴 때마다 고요히 나의 내면을 한 번 들여다보면 차분해지는 경험을 할 수 있을 것입니다.

고전 필사

오늘 나의 감사 일기

Day 55

감사의 씨앗으로 심기일전

"감사로 가득 찬 마음은 모든 슬픔을 잠재운다."

- 알버트 슈바이처

소담의 1일 5감사 일기

1. 성과보다 과정에서 성장하고자 하는 노력에 집중하며 하루를 마무리할 수 있어 감사합니다.
2. 서로 다른 개성을 가진 사람들이 같은 목표를 공유하며, 카톡 커뮤니티에서 응원과 격려를 나눌 수 있어 감사합니다.
3. 내편과 함께 왕송 저수지로 드라이브를 나가 둘레길을 걸으며 한적한 시간을 보낼 수 있어 감사합니다.
4. 돌아오는 길에 마트에서 장을 보고 정성껏 반찬을 만들어 냉장고를 가득 채울 수 있어 감사합니다.
5. 관계의 어려움으로 고민하던 시간, 차분히 정리하며 스스로 돌아볼 수 있어 감사합니다~♡

내편이 뭔가 상의를 하다면 당신은 행복한 아내입니다.

"오늘은 모든 걸 내려놓고 좀 쉬어요. 같이 드라이브나 나갈까?"

책방에 들어앉은 나를 보고 거실에서 내편님이 하시는 말씀입니다.

"음, 그러게…. 그럴까요? 준비하고 나갈게요."

습관처럼 또 카톡방을 들여다보며 마지못해 대답하고 준비합니다. 햇볕이 따사롭게 차창을 넘나들고 있습니다. 긴 오색빛 줄기를 힘차게 뻗어 자꾸 시선을 잡습니다. 시선 끝에는 오전에 있었던 카톡 커뮤니티 이야기가 떠오릅니다. 각자 다른 목표를 가진 사람들이 한데 모여 같은 목표를 정하고 서로를 응원하며 격려하는 모습은 참으로 따뜻했습니다.

머릿속과 가슴의 길이 한 없이 멀게 느껴집니다. 그저 말없이 저수지 둘레길을 걷기만 하는 나에게 내편님이 먼저 말을 건네 옵니다.

"어떻게 운영되어가나? 나 내년엔 꼭 퇴직을 하고 싶다. 그런데 이후 삶을 어떻게 살아가야 할지 많이 고민되네."

나의 눈치를 보며 조용히 이야기를 나누었습니다. 벌써 2년 전에 정년퇴직은 되었고, 1년씩 촉탁으로 연장 근무하고 있기에 이제 그만하고 싶은가 봅니다. '성실과 책임감'이 둘째 가라 하면 서운해할 정도로 본인의 삶의 원칙으로 살아온 참 고마운 분입니다.

"그래요. 그래야죠. 아함, 시원하다. 저수지 물결이 잔잔하니 바람도 시원하고, 이런 시간이 정말 오랜만이네요."

"그치? 워낙 이런 시간을 못 내고 있으니…. 참 안쓰럽긴 하지만 옆에서 보면 대단해."

감사에서 찾은 고전

화광동진(和光同塵) : '자신의 빛을 나타내지 않고 세상과 조화를 이루며 살아간다'는 뜻으로, 빛을 감추고 세상 사람들과 함께하는 것을 말합니다.

심기일전(心機一轉) : '마음을 새롭게 먹고 일의 방향을 바꾼다'는 뜻으로, 관계에서 불편함을 겪고 차분히 생각하는 과정에 잘 맞는 표현입니다.

고전 필사

오늘 나의 감사 일기

Day 56

인간은 욕망인가, 이성인가

"감사는 삶의 모든 어려움을 이기는 힘이다."

- 에픽테토스

소담의 1일 5감사 일기

1. 쌀쌀한 기온이 얄밉습니다. 해맑게 나오려던 꽃잎이 다시 움츠립니다. 따뜻해질까 싶어 두 손으로 작은 꽃봉오리를 감싸봅니다. 자연을 잠시 들여다보는 여유로운 감성, 감사합니다.
2. 스피노자 철학에 대해 '레드카펫으로 초대 워크숍'에서 배우는 시간이 있었습니다. '인간은 욕망인가? 이성인가?'라는 부분은 감명 깊었습니다. 건강하고 원하는 삶을 위한 새로운 욕망으로 역량 발휘가 될 수 있어야겠다 싶습니다. 귀한 시간 감사합니다.
3. 추진하고 있는 일에 집중적으로 관심을 가지고 소통하며 이룰 수 있도록 참여하시는 수석 의원님, 감사합니다.
4. 며칠째, 맑지 않은 머리에 저녁 무렵 다시 일부러 시간을 내어 산책을 나가 공원을 둘러보았습니다. 찬 공기가 그대로 공원 마당을 쓸고 있습니다. 제법 많은 사람이 나와 곧 터져 나올 꽃봉오리를 기다리고 있습니다. 하늘을 보니 아직 겨울 잔재에 꽃샘추위가 며칠 더 가겠구나 싶습니다. 약간 차가운 바람을 쏘이고 나니 머릿속이 정리가 되어 감사합니다.
5. 내편님께서 공부하다가 저녁 준비를 하는 걸 보고 시원한 콩나물국 먹자면서 저녁상을 함께 거들어주셔서 감사합니다~♡

어쩌면 우리는 날마다 철학을 합니다.

저녁에 스피노자 철학 워크숍에 참여했습니다. 발표자가 던진 질문이 머릿속을 맴돌았습니다.

"인간은 욕망으로 이루어진 존재인가, 아니면 이성으로 이루어진 존재인가?"

"당신은 어떻게 생각해요?"

워크숍을 마친 뒤 내편님과 차를 마시며 물었습니다.

"욕망도 이성도 우리 안에 있잖아요. 둘을 균형 있게 잘 쓰는 게 중요한 것 같아요. 예를 들어, 오늘 아침 당신이 산책에서 느낀 기분 같은 거요. 머리도 맑아지고, 생각도 정리되고."

"맞아요. 오늘 공원을 거닐면서 바람에 흔들리는 나무를 보니 제 머릿속 복잡했던 생각들이 정리됐어요. 꽃샘추위도 지나가고 나면 새싹이 돋겠죠?"

"이제 저녁 뭐 먹지?"

내편님이 장난치듯 웃으며 말했습니다. 공부에 열중하던 그는 잠깐 저녁 준비를 도와주겠다고 나섰습니다. 콩나물국을 끓이며 우리는 부엌에서 자연스럽게 나눈 대화가 소박하지만 행복한 순간으로 느껴졌습니다.

감사에서 찾은 고전

화조월석(花朝月夕) : '꽃 피는 아침과 달 밝은 저녁'이라는 뜻이며, 아름다운 시각 또는 아름다운 경치를 일컫는 말입니다. 경치 좋은 시절을 뜻하기도 하죠. 아침 산책에 나가서 일일이 자연과 대화하는 여유가 마치 곧 필 듯한 봄꽃 같았습니다.

온고지신(溫故知新) : '옛것을 익히고 그것을 미루어서 새것을 앎'이란 뜻으로, 살아가면서 많은 변화와 위기와 맞닥뜨릴 때를 대비하여 변화와 위기로부터 깊이 배우고 실천해야겠다는 생각을 하게 합니다. 스피노자 철학을 익히며 삶을 더욱 깊이 있게 성찰할 수 있어서 고마운 나의 인생입니다

고전 필사

오늘 나의 감사 일기

"감사하는 마음은 행복을 향한 문턱을 낮추고, 만족감을 높이는 열쇠입니다."

-버락 오바마

Day 57

리더십, 스스로를 믿는 힘

"감사는 삶을 축복으로 가득 채우는 가장 좋은 방법이다."

- 메리 에디

소담의 1일 5감사 일기

1. 토요일 아침 '지혜 비법 독서 전략' 존 맥스웰의 리더십에 관해 이른 아침 이동하면서 함께 경청할 수 있어서 감사합니다.
2. '안전교육지도사'과정에 집중하여 수강하는 예비 지도사님들을 응원하면서 함께할 수 있어서 감사합니다.
3. 전북 순창에서 중학교 1-3학년 임원 학생회 리더십 및 자기 역량 강화 강의 요청이 있었습니다. 너무 먼 거리라 마치고 올라올 차편 연결이 어려워 협회 내에 독서 모임 회원들께 공지했더니 다행히 지원하시는 분이 계셨습니다. 의뢰하신 쪽에서 두 분이 신청하셨다니 학생들에게 의미 있는 시간이 될 것 같아 감사합니다.
4. 몸이 고단하고 컨디션이 맑지 않더니 도움이 안 되는 생각까지 막 떠올라 무조건 쉼 모드를 하고 몸과 마음을 릴랙스합니다. 고요해지며 편안한 상태가 되어 감사합니다.
5. 한시협 임원 및 회원 단톡방에 초대되어 추진 사항에 의견을 모았습니다. 김○○ 원장님께 의견을 드리고 잘 진행되시길 바랐습니다. 도움 드릴 수 있어서 감사합니다~♡

가장 좋은 리더십은 나를 설득하는 거예요.

"오늘 뭐 하는 날이지? 뭐 들어요?"

내편님의 물음에, 이어폰을 빼며 내편님 귀에 꽂아주었습니다.

"존 맥스웰의 리더십 강연이에요. '지혜 비법'이라고 하더니 진짜 유용하네요. 당신도 들어봐요. 결국 리더십은 타인을 어떻게 돕느냐에 달렸다는 거예요. 그리고 작은 습관이 큰 차이를 만든다고 하구요."

내편님과 나누는 대화 속에서 오늘 하루의 기운이 한층 더 밝아졌습니다. 오전엔 '안전교육지도사' 과정의 예비 지도사님들을 만났습니다.

"여러분, 리더십의 첫걸음은 스스로를 믿는 것입니다."

진지하게 강의에 몰입하는 예비 지도사님들의 모습에서 큰 희망이 느껴졌습니다. 함께 학습하고 서로 응원하는 분위기가 만들어지니 마음도 한결 따뜻해졌습니다.

오후에는 전북 순창에서 중학생 리더십 강의 요청이 있었지만 거리가 먼 문제로 직접 갈 수 없었습니다. 대신 협회 회원들에게 도움을 요청했는데, 두 분이 지원해 주셨습니다.

"학생들에게 꼭 의미 있는 시간이 될 거예요."

"그래요. 도움을 나눌 수 있는 사람들이 있어서 정말 다행이에요."

| 감사에서 찾은 고전

자강불식(自强不息) : '평생 쉬지 않고 스스로 연마하라'는 뜻으로, 리더십 강의와 자기 계발을 위해 부단히 노력하는 모습을 담은 사자성어입니다.

역지사지(易地思之) : '처지를 바꾸어서 생각해 본다'는 뜻으로 좋은 인간관계를 유지하기 위해서는 자기의 입장보다는 상대방의 입장을 먼저 배려하는 것이 필요하다는 지혜를 얻게 합니다. 내편님은 항상 자기보다 내 상황을 이해하고 배려해주는 모습이 모범적입니다.

고전 필사

오늘 나의 감사 일기

Day 58

일신우일신, 세상이 날마다 새롭다

"행복한 사람은 감사할 줄 아는 사람이다."

- 랄프 왈도 에머슨

소담의 1일 5감사 일기

1. 양재에서 11시 미팅으로 두 시간 미리 가서 책 읽다가 업무를 볼 수 있어서 감사합니다.
2. 지난 주말 일들로 월요일까지 복잡했지만 사람으로 할 수 없는 일이라 생각하고 하나님께 맡겼더니 해결안을 마련한 지혜를 주셔서 참으로 감사합니다.
3. AIVR 지도사 과정을 개강할 수 있도록 모든 상황이 잘 진행되어 감사합니다.
4. 총신대 이○○ 교수님이 시니어 프로그램 관련해 소통하시다가 AIVR 지도사 개강 소식에 마치 들고 가던 가방 내팽개치고 다른 보따리 들듯 화들짝 놀라시며 1기에 적극 참여하시겠다고 하신다. 또한 총신대에 론칭할 수 있도록 요청까지 하셔서 큰 감동과 함께 감사합니다.
5. 내부 진○○ 님 직함 문제로 이사님들과 소통. 만장일치로 격에 맞는 직함을 결정할 수 있어서 감사합니다~♡

감사는 새로운 세상을 발견하게 합니다.

지난 주말의 복잡한 일들이 월요일까지 영향을 미쳤지만, 사람의 힘으로는 해결할 수 없는 일이라 생각하고 하나님께 맡기는 심정으로 기도하면서 지혜를 구했습니다. 나중에 차근차근 잘 해결된 일들을 보니 다시 한번 하나님의 은혜와 지혜에 감사하지 않을 수 없었습니다.

한참 업무 중에 전화벨이 울렸습니다. 후배가 인생 상담을 위해 요청하는 전화였습니다. 한참 얘기를 나누다가 원하는 삶을 위한 루틴 한두 개 정도 실행 해보기를 권유했습니다. 그중 하나는 감사 일기를 써 보는 것이었습니다.

"에구. 난 안 믿어요. 어떻게 감사한다고 삶이 변화된다는 거예요."

"이렇게 살아가는 자체가 감사하지 않은가요?"

"그야 물론 감사하죠. 그렇다고 감사 일기를 써야 잘 살아지고 기적이 일어나고 안 쓰면 안 일어나나요?"

"'감사는 과학이다.'라고 하시는 분도 계세요. 일단, 쓰기 귀찮고 어렵다고 생각이 들면, 저녁에 잠들기 전에 누워서 오늘 있었던 일 떠올리며 '감사합니다.'라고 해보세요."

"그건 해볼 수 있겠네요. 해볼게요."

마음이 힘들고 앞이 캄캄할 때 나는 고요히 앉아서 감사 일기를 마구 써 내려갑니다. 놀랍게도 100여 개 이상 쓰고 보면 다른 세상이 보입니다. 조금 전 그 답답하고 암울했던 상황이 어디론가 온데간데없이 사라지면서 가벼워진 나를 발견하게 됩니다.

감사에서 찾은 고전

일취월장(日就月將) : '날마다 달마다 성장한다'는 뜻으로, 매일 조금씩 발전하고 성장하는 모습을 나타내며, 감사와 기도를 통해 이루어지는 변화와 발전을 의미합니다.

청출어람(青出於藍) : '제자가 스승보다 뛰어나다'는 뜻으로, 푸른색이 쪽빛보다 푸르듯이, 얼음이 물보다 차듯이 면학을 계속하면 스승을 능가하는 학문의 깊이를 가진 제자가 될 수 있다는 깊은 뜻이 있습니다.

고전 필사

오늘 나의 감사 일기

Day 59

생명을 잇는 기적, 연결과 울림

"감사는 삶을 축복으로 가득 채우는 가장 좋은 방법이다."

- 메리 에디

소담의 1일 5감사 일기

1. 변혁적 환경을 위한 내 역할과 한계를 명확히 구분하고 이를 이사회에서 수용해 주신 덕분에 모든 일이 순조롭게 진행되었습니다. 감사합니다.
2. 사단법인을 청산하고 하던 일을 모두 멈추었습니다. 고요하게 지내는 날들 동안 마음을 더욱 단단하게 어루만질 수 있어서 감사합니다.
3. 수개월간 특별히 신앙에 집중하고, 느리게 걷기 산책과 글쓰기와 시쓰기를 통해 몸과 마음의 회복을 경험하며 셀프코칭의 효과를 느끼게 되어 감사합니다.
4. 신앙 안에서 현실적 어려운 상황을 직면하게 하고 상실과 애도 기간을 함께 동행하며 견뎌준 내편님께 너무 감사합니다.
5. 2000년 김대중 대통령의 노벨평화상에 이어, 한강 작가의 노벨문학상 수상 소식은 대한민국에 새로운 빛을 더했습니다. 감사합니다.

멈춘 것 같지만 생명의 태동은 계속됩니다.

"이제는 모든 걸 내려놓아야 할 때가 된 것 같아요."

내가 조용히 말하자, 이사회는 고개를 끄덕였습니다. 변혁적 환경 속에서 사단 법인에서 나의 역할과 한계를 정리하며, 새로운 시작을 준비하는 회복기로 가졌습니다. 일을 내려놓는다는 것은 아쉽기도 했지만, 동시에 변화를 일으키는 희망이 존재함을 느꼈습니다. 때때로 자연으로 나가 고요 속에서 나 자신을 어루만져 줍니다. 사단법인을 청산하고, 신앙생활과 글쓰기에 집중한 시간들. 매일 느리게 걷는 산책길에서 자연과 대화하며, 내면의 회복을 경험합니다.

63년전 음력 4월. 엄마는 긴 진통 끝에 오전 10시, 나를 낳았지만 탯줄을 자르지 못해, 핏덩이 아기를 흰 강보에 감싸안고 오후 4시까지 속삭였습니다. "아가야, 살아라. 제발, 살아만 주거라." 내가 세상에서 받은 첫사랑은 바로 엄마의 애간장 녹아내리는 간절한 기도였습니다. 그 사랑으로 나는 숨을 쉬었고, 지금까지 존재합니다. 나의 감사 마스터로서의 사명은 여기에서 시작됩니다. 삶을 존재하게 한 감사의 마음을 기억하며, 이 감사를 세상에 퍼뜨리는 것입니다. 감사는 단순한 말이 아니라 생명을 잇는 기적이고, 인간을 연결하는 가장 아름다운 다리입니다. 나는 이 다리를 놓아, 더 많은 이들이 감사 속에서 행복을 발견하고 삶을 풍요롭게 살아가도록 돕는 역할을 하고자 합니다.

감사에서 찾은 고전

고진감래(苦盡甘來) : '쓴 것이 다하면 단 것이 온다'는 뜻으로, 고생 끝에 즐거움이 오는 것을 이르는 말이지요. 감사 일기에서 심리적 고통 속에서 견디는 가운데 지인의 전화가 위로가 되고 가족들의 격려가 큰 힘이 되는 것을 떠올려 봅니다.

유약승강강(柔弱勝强剛) : '부드러움과 유약함이 결국 강하고 센 것을 이길 것'이라는 뜻으로, 사랑과 감사라는 부드러운 마음이 삶의 강한 시련을 이겨낼 수 있음을 상징합니다. 엄마의 간절한 기도가 아기의 생명을 잇는 기적을 만들어낸 것처럼, 부드러운 것이 가장 강한 힘이 될 수 있음을 보여줍니다.

고전 필사

오늘 나의 감사 일기

Day 60

지금도! 오직 감사합니다

"삶을 바꾸기 위해 할 수 있는 일 중 한 가지는 가진 것에 감사하는 것이다."

-오프라 윈프리

소담의 1일 5감사 일기

1. 누군가에게 필요한 존재가 된다는 것, 그렇게 살아가는 내 삶이 누군가에게 선물입니다. 지나온 날들이 그저 감사할 뿐입니다.
2. 「감사나눔신문」 100감사 대회 원고 마감을 완료했습니다. 그동안 1매일 5감사 쓰기와 100감사 써본 경험이 도움이 되었고, 소중한 인연은 일과 삶, 너와 나라는 것보다 항상 존재로서 연결되어 있어 감사합니다.
3. 2016년 1인기업 배움의 장에서 만나 함께 꿈을 꾸며 친구이자 파트너로 온 시간들이 고맙고 소중합니다. 일상에서 때론 의견 충돌도 있지만, 함께 도모하는 데 시간을 온전히 보내왔기에 후회 없는 시간을 소중히 여기며, 좋은 추억만을 기억할 수 있어 감사합니다.
4. 순탄하지만은 않은 삶에서 진정성 있는 위로가 되고, 좋은 경험들을 먼저 생각할 수 있다는 것이 참 다행입니다. 지난날 돌아보면 시간, 돈, 배움, 인연을 헛되이 쓰였다고 말하는 누군가 있겠지만, 돌아보면 모두가 나를 승화시킬 수 있는 엄청난 경험으로 내적 자원이 되고 있다는 것에 감사합니다.
5. 여기까지 올 수 있는 것은 오직 감사의 힘이며 기적입니다. 감사합니다~♡

돌아보면 인생의 작은 기적이 무수하게 있었습니다.

오늘 하루는 정말 감사한 마음으로 가득 찼습니다. 아침에 일어나면서부터, 누군가에게 필요한 존재가 된다는 것이 얼마나 큰 선물인지를 다시 한번 실감합니다. 눈을 부비며 부스스한 채 ZOOM을 열어 선생님들과 독서모임을 진행합니다.

생각해 보면, 내 삶이 그냥 지나가는 시간이 아니고, 다른 사람에게 뭔가 의미 있는 존재로 남아 있을 수 있다는 사실이 너무 감사하다는 생각이 듭니다. 그저 그동안 살아온 날들이 모두 감사한 일들로 채워지고 이런 삶을 살아가는 것이 정말 큰 선물이라는 생각이 듭니다.

그저 일상에서 작은 기적들을 발견하며 살아가는 저의 삶이 정말 감사하고, 이 모든 것이 결국 '감사의 힘'이라는 믿음 덕분에 가능한 일임을 깨달습니다.

감사에서 찾은 고전

종이부시(終而復始) : '끝난 자리에서 다시 시작하다'라는 뜻으로, 하나의 일이 끝나는가 싶으면 다시 새로운 일이 시작될 때 사용하는 말입니다. 고 신영복 선생은 "산다는 것은 수많은 처음을 만들어가는 끊임없는 시작"이라고 했습니다. 삶도 날마다 새로운 시작이고 달마다 새로운 출발입니다.

제구포신(除舊布新) : '낡은 것을 없애 새로운 것을 펼쳐내다'라는 뜻으로, 과거의 구태와 구습을 과감히 벗어나 변혁과 희망의 길로 나아가겠다는 다짐을 담은 말입니다. 물은 고이면 썩듯이 예전의 습관, 과거의 생각, 기존의 태도를 그대로 놔두면 그 인간, 그 사회는 썩고 맙니다. 새로운 일에 대한 막연한 두려움을 희망으로 바꾸고 불길한 상징을 변혁의 상징으로 승화하려는 힘을 가져봅니다.

고전 필사

오늘 나의 감사 일기

Day 61

그의 인자하심을 기억하라

"감사는 모든 것을 변화시킨다."

- 로이 T. 베넷

소담의 1일 5감사 일기

1. 금요일 새벽 인디고전 독서에서 『소크라테스의 변명』을 함께 읽고 깊은 토론을 하며 우리나라 현 상황에도 적용해 볼 수 있어서 감사합니다.
2. 2024년 11월에 출간한 전자책 『어린왕자에게 배운 인간관계 52지혜』에 대해 꾸준히 구독 소식을 주시고 장문의 소감문 주신 선생님들 감사합니다.
3. 내편님과 인생 설계 관련하여 의견 나누다가 상담학을 더 전문적으로 공부해야 할 필요성을 함께 공감했습니다. 2025학년 대학원 진학에 대해 내편님의 적극적인 관심과 격려, 지지가 있어서 감사합니다.
4. 옛 직장 동료들의 송년회에 초대받고 한만정의 인문학 '지금 나는 어디로 가는 걸까?'라는 주제로 인문철학적 강연을 열어 나눌 수 있는 기회를 주셔서 감사합니다.
5. 생강 2kg과 꿀을 사서 겨울철 감기 예방으로 생강 절임 담그는 데 옆에서 자상하게 도와주신 내편님 감사합니다~♡

생각 한 스푼 뜰 때마다 12월의 차가운 공기는 새로운 세상을 열다.

몸과 마음이 많이 아픈 것이 쉽게 회복되지 않습니다. 외부에 강의 제안도 하기가 겁부터 납니다. 서슴없이 달렸던 날들도 있었건만 이제는 모든 걸 내려놓기 위한 훈련에 물들어가고 있습니다. 조금만 부대끼면 가슴이 답답해져 옵니다. 오랜 대화 끝에 얼마 전 정 교수님과 진로 관련 상담을 한 적이 있어서 내편님께 넌지시 말씀드렸습니다. 좋은 생각이라고 공감해 주며 "당신은 상담이나 코칭을 할 때 가장 행복해하고 또 다른 사람을 돕는 일에 많은 보람을 갖는 것 같은데, '상담학'을 더 공부하면 좋을 것 같아."

"그러게. 고민 중이에요. 나이도 있고 체력도 예전 같지 않아서 신중하고 싶어요."

"그래. 신중하긴 해야지. 그런데 조금씩 몸도 회복되어가는 것 같은데, 정 교수님 말씀대로 방향을 그렇게 잡고 무리 안 가게 준비해 봐. 첫 등록금은 대출받아서라도 내가 도와줄 테니 그 이후는 알아서 하고…."

"…."

대학원이라는 새로운 여정을 앞두고 내편님과 함께 산책하는 동안 12월의 차가운 공기는 생각 한 스푼을 뜰 때마다 가슴속 깊이 스며들며 답답했던 마음을 맑게 어루만져 주었습니다.

감사에서 찾은 고전

반면교사(反面教師) : '사람이나 사물의 부정적인 측면에서 반대의 깨달음이나 가르침을 얻는다'는 뜻으로 상대방의 잘못이나 나쁜 면을 보고 나는 그러지 않아야겠다는 깨달음을 얻었을 때 사용. 『소크라테스의 변명』은 아테네인들에게 무지와 오만에 대한 반면교사의 교훈을 전한다.

동고동락(同苦同樂) : '괴로움과 즐거움을 함께한다'는 뜻으로 서로 공동의 시련과 행복을 함께 나누는 관계를 말합니다. 즐거울 때나 괴로울 때나 서로 의지하며 지내온 관계를 표현할 때 자주 사용됩니다.

고전 필사

오늘 나의 감사 일기

Day 62

삶의 흔적 속에서 찾은 희망

"감사는 우리가 가진 것을 더 많이 누릴 수 있게 해준다."

- 멜라니 웰스

소담의 1일 5감사 일기

1. '12.3 비상계엄' 이후, 두려움과 고통스러운 상황이 이어지는 날들입니다. 그럼에도 불구하고 나라와 국민을 위한 정치인들은 본질에 합당한 결론이 나올 거라 믿으며 문제해결을 위해 애쓰는 분들께 감사합니다.
2. 학교(경기대 사회복지학과) 가는 날 허리 아파 침 맞던 중 교수님께서 늦게라도 출석하라는 문자를 보내 택시 타고 달려가 참석하여 사회복지사로서의 공모사업 프로포절 기획에 관하여 배울 수 있어 감사합니다.
3. 우리나라 정치권이 서로 경청과 타협으로 위기를 극복해가기를 바라는 마음이 듭니다. 여야의 행태들이 한심하고 안타까운 날들. 국민의 피와 땀으로 일구어 내는 세금으로 살아가는 그들은 국민의 눈물을 보는지… 나라사랑 생각에 간절히 기도하는 시간 감사합니다.
4. 감사 책 출간을 앞두고 감사 명언 창작과 사진을 지원받았습니다. 세계적으로 저명하신 분들의 명언과 고전까지 정리하여 감사 책에 담고 편집하며 뿌듯한 마음에 감사합니다.
5. 저녁에 내편님이 계란말이를 먹고 싶다고 하셔서 감자와 양파, 땡초를 넣고 만들어 드렸더니 맛있다고 감동합니다. 만들어 달라고 할 때까지 기다렸다가 정말 오랜만에 해 드려서 더 맛있었겠지. 맛있게 드셔주셔서 감사합니다.

하늘이 무너져도 나는 가족을 위한 계란말이를 만들겠습니다.

"정말 끝이 보이지 않는 나날이네."

TV를 보다가 무심코 뱉은 한마디였습니다. 정치적 혼란 속에서 매일같이 쏟아지는 뉴스들은 국민의 마음을 무겁게 만듭니다. 전국에서 벌어지는 시위와 서로를 탓하는 정치권의 소리들. 하지만 그 소란 속에서도 묵묵히 문제 해결을 위해 애쓰는 사람들이 있다는 사실에 마음이 따뜻해졌습니다.

"그래, 끝까지 나라와 국민을 위해 헌신하는 이들도 있지. 이 어두운 터널에도 분명히 끝은 있을 거야."

정치권의 모습 속에서도 나라 사랑의 마음으로 하나 되는 희망을 그려봅니다. 최고의 통치자이신 주님께 의지하며, 감사와 간구의 기도를 올렸습니다.

"주님, 이 나라의 지도자들에게 지혜와 자비를 허락해 주세요. 여야의 차이를 넘어 서로 경청하고 타협하여 국민을 위한 결정을 내릴 수 있도록 이끌어 주세요."

| 감사에서 찾은 고전

도불습유(道不拾遺) : '길에 떨어진 물건을 줍지 않는다'는 뜻으로, 나라가 잘 다스려져 태평하고 살림이 넉넉함을 뜻합니다. 감사 일기에서 정치적 혼란 속에서도 국민의 성숙한 의식을 바라는 마음과 연결됩니다.

화광동진(和光同塵) : '빛을 부드럽게 하여 속세의 티끌과 함께하다'라는 뜻으로, 자신의 지혜와 덕을 밖으로 드러내지 않고, 속인과 어울려 지내면서 참된 자아를 보여준다는 말입니다. 정치 지도자들의 협력과 국민을 위한 길을 기대하는 소망을 표현합니다.

고전 필사

오늘 나의 감사 일기

Day 63

성탄의 기쁨 속에서 책임과 감사의 조화를 이루다

"감사는 마음의 문을 여는 열쇠이다."

- 윌리엄 아서 워드

소담의 1일 5감사 일기

1. 원고 수정에 전념하느라 시간적 개념을 잊었습니다. 이렇게 몰입할 수 있는 나 자신이 놀랍고, 이 책이 출간과 이어질 삶. 수채화처럼 펼쳐지는 상상으로 행복하고 감사합니다.
2. 성탄 예배의 기쁨 속에 함께하지 못했지만, 원고 수정의 약속을 지키며 아기예수 탄생의 기쁨을 함께 합니다. 그 순간에도 주어진 사명에 충실할 수 있음에 깊이 감사합니다.
3. 글은 다듬으면 다듬을수록 옥석이 되고 있음을 발견합니다. 글은 단순한 언어나 문장이 아니고 도리, 도덕, 윤리, 질서, 교양, 지식, 인지 등을 의미하는 복합적인 것입니다. 쓰기의 궁극적인 목적에 앞서 글에 도를 실어야 된다는 '한유(韓愈)'의 명언을 가슴에 담으며 더 큰 깨달음을 얻게 되어 감사합니다.
4. 책상에 오래 앉아 있으니 왼쪽 종아리 부분에 혈전이 느껴져 옵니다. 타이머를 놓고 1시간에 한 번씩 일어나 스트레칭을 합니다. 그때 책상 밑에 조신하게 있다가 나랑 같이 일어나 기지개를 켜는 반려견 토리와 놀아줄 겸 뛰어다니니 한결 다리가 가벼워져 감사합니다.
5. 책 쓴다고 갇혀 있는 이 사람에게 연말의 아쉬움과 성탄의 기쁨을 나누고자 카톡 선물과 택배로 선물을 보내주신 친구와 선생님들 고맙습니다. 원고에 집중할 수 있도록 옆에서 도와주고 배려하시는 내편님, 감사합니다.

때때로 내가 감사할 때가 있습니다.

주말 내내 원고 수정에 몰두한 나를 돌아보며, 문득 시간을 잊은 채 몰입한 내 모습이 감동스러워 스스로를 토닥이고 싶어집니다. 남은 인생은 글쟁이로 세상과 나누고 싶습니다.

"참 열심히도 했구나. 만정아, 이 정도면 대단하지 않니?"

내게 말을 걸며 미소를 지었습니다. 이런 몰입의 순간은 내가 얼마나 글쓰기를 사랑하는지 깨닫게 해 주는 소중한 경험입니다.

원고를 다듬으며, 글은 단순한 문장 그 이상이라는 것을 다시 느꼈습니다. 도덕과 윤리 그리고 삶의 깊이를 담아야 한다는 한유(韓愈)의 말이 떠올랐습니다. '글은 곧 도다(文以載道).' 이 한마디가 글쓰기에 대한 내 태도를 바로잡아 주었습니다. 나는 독자들에게 단순한 정보 이상의 울림을 전하고 싶습니다. 그들의 가슴에 울림은 치유가 되며 성장이 될 것입니다. 글을 다듬으며, 그것이 내 목표임을 더욱 확신하게 됩니다.

감사에서 찾은 고전

무위자연(無爲自然): '인위적인 손길이 가해지지 않은 자연'을 일컫는 말입니다. 이 감사 일기에 적용해 보면 글을 다듬는 과정에서 억지로 꾸미지 않고 본질을 담으려는 노력과 감사를 느끼는 태도와 연결할 수 있습니다.

대도무문(大道無門): '큰 길을 가는 데는 문이 없다'는 뜻입니다. 옳은 길을 가는 데는 거침이 없다는 의미로 쓰입니다. 글을 다듬으며 도리와 윤리를 담으려는 깨달음 그리고 형식적인 틀에 얽매이지 않고 예배와 글쓰기를 통해 진정성을 추구하는 태도와 닮아 있습니다.

고전 필사

오늘 나의 감사 일기

"날마다 일어나는 기적에 감사를 표현하는 것,
그것이 매 순간을 특별하게 만드는 가장 좋은 방법이다."

- 웨인 다이어

기감동프 감사경영 과정

기감동프

: 기적적인 삶 감사드러내기
동행 프로젝트

1. 인생디자인을 위한 21일 성장습관카드

- 감사 일기 쓰기 21일 동안 습관을 길들여봅니다.
- 3가지 주제를 정하고 실행 또는 한 가지 주제를 3번 반복으로 63일 체득화 합니다.

__________ 의 CHECK CARD

원하는 삶 - 인생디자인을 위한 <성장습관카드>
* 3~5년 후 VISION LIST

____

____

____

긍정문 : 나는 날마다 날마다 모든 면에서 점점 더 좋아지고 있다. 나는 나를 사랑한다!

__________ 의 CHECK CARD

원하는 삶 - 인생디자인을 위한 <성장습관카드>
* 3~5년 후 VISION LIST

____

____

____

긍정문 : 나는 날마다 날마다 모든 면에서 점점 더 좋아지고 있다. 나는 나를 사랑한다!

__________ 의 CHECK CARD

원하는 삶 - 인생디자인을 위한 <성장습관카드>
* 3~5년 후 VISION LIST

____

____

____

긍정문 : 나는 날마다 날마다 모든 면에서 점점 더 좋아지고 있다. 나는 나를 사랑한다!

이 <21일 성장습관 카드>는 양면으로 되어 있으며,
잘라내어 명함처럼 지갑에 가지고 다니시면 좋습니다.

21성장습관 :

1	2	3	4	5	6	7
8	9	10	11	12	13	14
15	16	17	18	19	20	21

기간 : NO :

21성장습관 :

1	2	3	4	5	6	7
8	9	10	11	12	13	14
15	16	17	18	19	20	21

기간 : NO :

21성장습관 :

1	2	3	4	5	6	7
8	9	10	11	12	13	14
15	16	17	18	19	20	21

기간 : NO :

2. 기감동프 감사과정 운영 사례
- 감사일기 쓰기 동행하면서 감사나눔 숲 이루다

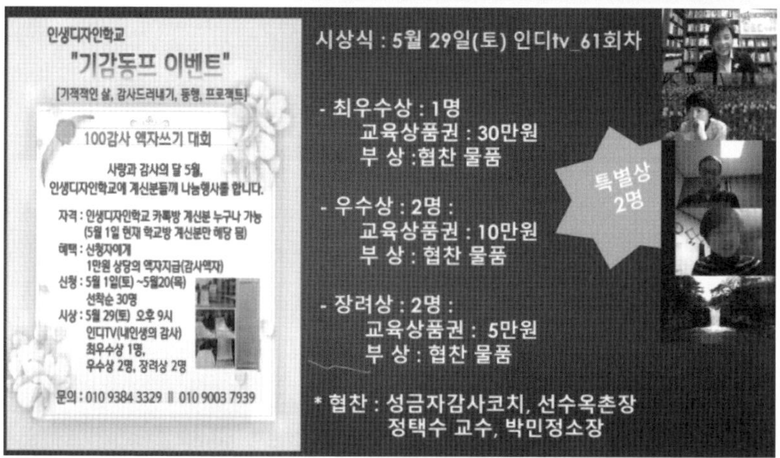

인생디자인학교 기감동프 & 100감사 족자쓰기

기적적인 삶, 감사 드러내기 동행 프로젝트(기감동프)는 주 1회(2H) * 5주과정 진행됩니다. 이 특화 과정을 진행하는 소담 한만정 교장은 일생을 살아오며 삶속에서 기쁨과 슬픔, 어려운 곤경, 좌절, 인간관계에서의 크고작은 갈등들을 겪으며 승화하기 위한 '감사일기 드러내기' 를 도구삼아 아주 작은 힘의 반복으로 용기와 성장 그리고 삶의 큰 변화를 이루는 자기애의 바탕을 둔 '마인드셋' 동행 프로젝트 입니다.

100감사 족자쓰기는 매년 5월 감사의달 특수 족자를 무료로 제공해주며 누구나 참석하여 100감사 쓰기 경험을 통해 자기애, 가족사랑, 관계회복을 돕고 있습니다.

100감사 일기 전시품

| **전국100감사 공모전 / 보이지 않는 마음이 보였다**

"내 인생 최고의 선물"

전국100감사 공모전 보이지 않는 마음이 보였다

"아빠가 오늘은 이상했다… 한 시간마다
엄마가 들어왔는지 물었고, 웬만하면 짜증과
투정을 잘 안 하시는데… 오늘은 짜증과 투정을
부리시고… 그런 모습에 동생도 조금 화가
났다… 그래서 나는 중재 역할을 했고…
저녁이 되어서야 엄마가 들어왔다.
엄마를 보자마자 아빠는
돌아보지도 못했던 욕을 하시고…
약속 있었던… 나는 아빠에게 나갔다 와도
되냐고 물었더니 처음에는 안 나갔으면 하는

클릭하면 확대이미지를 볼 수 있습니다.

집을 나선 지… 10분… 동생에게 걸려온 전화…
누나, 아빠가 이상해… 얼른 다시 집으로
돌아와… 한마디… 나는 차를 돌렸고…
집으로 돌아가는 10분이 10년같이…
집에 도착했을 땐… 아빠는…
아빠는… 마지막 인사도 못하고
나의 곁을 떠나셨다…
그날 하루 종일 어디도 안 가고
아빠 옆에 있었는데…
잠깐 몇십 분 나갔다 온 건데…

천지세무법인 이지연(최우수상)

제이미크론 임대경(우수상)

연신예람 김수환(우수상)

인생디자인학교 한만정 교장(장려상)

천지세무법인 인천지사 이지연 대리의 100감사 일부.

돈보스코 홍리나(장려상)

정우진(장려상)

KPX 권기석(장려상)

수도군단사령부 김병하 일병(가작)

감사나눔신문사 주최 전국 100감사 쓰기 대회 - 감사마스터 소담 한만정 장려상 수상

감사나눔 교육으로 행복을 찾다

감사 마스터 성금자 코치

'감사'를 만나고 실천해 온 10년의 여정을 통해 제 삶에는 크고 작은 기적들이 찾아왔습니다.

학교에서 감사 인성교육을 도입하며 학생, 학부모, 교사 모두가 긍정적인 변화를 경험했습니다. 학생들의 사고력과 글쓰기 실력이 향상되고, 학교 폭력이 감소하며, 친구와 가족 간의 관계가 깊어지는 놀라운 변화가 일어났습니다. 부모님들이 자녀에게 감사 편지를 쓰며 닫혔던 마음이 열리고, 가족 간 대화와 사랑이 회복되는 모습은 정말 감동적이었습니다. 가족 간의 관계가 감사로 묶이는 기적을 목격했습니다.

학교 정년퇴직 후, 인생디자인학교에서 소담 한만정 감사 마스터와 함께한 1일 5감사 활동은 제게 감사 실천의 중요한 덕목이 되고 있습니다. 감사 프로젝트에 참여한 많은 사람들이 상처를 치유하고 긍정적인 삶으로 나아가는 모습을 보며 감사의 위대한 힘을 다시금 느꼈습니다. 가족과 감사를 나누며 욕심을 내려놓고 평온과 행복을 얻는 삶의 기쁨을 알게 되었습니다. 특히, 남편과 딸이 선물한 「100감사 족자」는 제 인생의 소중한 보물이 되었습니다.

감사는 작은 일상에서도 행복의 씨앗을 심어주는 마법 같은 도구입니다. 오늘도 감사 일기를 통해 저는 행복을 발견하며 살고 있습니다. 이 책을 읽는 분들도 감사의 실천을 통해 더 큰 행복과 평안을 누리시길 바랍니다. 감사합니다.

기감동프, 감사드러내기: 삶을 변화시키는 여정

하늘샘 국제기독학교 수학교사, 순천문화재단 홍보기자,
드림 브랜드컨설팅 대표, 드림피디 정용수(2024. 12.25 성탄새벽)

2017년, 서울에서의 30여 년의 삶을 마무리하고 아내와 함께 고향으로 귀향한 저는 새로운 시작 앞에서 감사 드러내기를 시작하게 되었습니다. 과거에도 감사하며 살아왔다고 자부했지만, 구체적인 기록 없이 혼잣말로 끝내버리곤 했습니다.

그러다 우연히 '인생디자인학교'라는 카카오톡 방에서 소담 한만정 교장님이 진행하는 '기적적인 삶 감사 동행 프로젝트–기감동프'에 참여하게 되었고, 이를 계기로 본격적으로 감사 드러내기를 배우고 실천하게 되었습니다.

처음에는 단순한 감사 일기라 여겼지만, 감사 드러내기는 제 삶의 기록이자 선포이며, 나아가 기적의 문을 여는 열쇠라는 것을 알게 되었습니다. 하나님께서 "범사에 감사하라."라고 말씀하셨듯, 감사는 그 명령에 순복하며 기적을 이루는 길이라 믿었습니다. 그렇게 2020년 7월 24일부터 하루도 빠짐없이 10가지의 감사를 기록하며 감사의 기적을 체험하기 시작했습니다.

감사 드러내기를 통해 삶은 풍성해졌습니다. 과거 입시학원 원장이었던 저는 이제 고향에서 노인 돌봄과 청소년 교육을 아우르는 선한 영향력의 삶을 살고 있습니다. 예를 들어, 사회복지사가 되어 어르신들에게 자존감을 높여주는 프로그램을 제안했으며, 확언감사를 통해 꿈꿨던 청소년 지도자로서의 길도 열리게 되었습니다. 하루하루의 기록은 저를 더 진실하게 만들었고, 감사는 저에게 에너지와 희망을 안겨주었습니다.

감사 드러내기를 처음 시작하는 분들에게는 작은 것에서부터 구체적으로 감사를 찾으라고 권하고 싶습니다. 맛있는 식사, 하루를 시작할 수 있는 기쁨 등 소소한 일상에서 감사의 씨앗을 발견하십시오. 매일 종이에 기록하다 보면, 삶의 즐거움을 느끼게 되고 마음의 평안과 소망이 샘솟는 경험을 하게 될 것입니다.

감사 드러내기를 통해 걱정과 염려는 줄고, 기적 같은 삶의 변화를 경험했습니다. 앞으로도 쓰임받는 삶을 꿈꾸며 감사를 기록하고 드러내는 여정을 계속할 것입니다. 나아가 『감사 일기, 63일의 기적』을 가족과 함께 실천하며 풍성하고 행복한 삶을 살아갈 것입니다. 감사 드러내기, 그것이야말로 삶을 변화시키는 힘입니다. 감사합니다.

감사한 나의 삶과 감사 일기

한국자살예방센터장, 우석대학교 겸임교수 정택수 교수

저의 60년 인생은 가난과 고단함 속에서도 긍정과 성실로 이어져 온 여정이었습니다. 어린 시절, 가난한 농촌에서 농사일과 학업을 병행하며 감사라는 개념조차 떠올릴 틈이없었습니다. 그러나 지나고 보니 불평하지 않고 긍정적으로 살아온 것이 결국 감사의 삶으로 이어졌음을 깨달았습니다. 어머니의 사랑과 따뜻한 칭찬은 제 자존감을 높여주었고, 어려운 상황 속에서도 희망을 잃지 않도록 이끌어 주셨습니다.

육군 장교로 24년간 복무하며 특전사 중대장과 수색대대장을 거친 시간은 힘들었지만, 제 삶에 중요한 기반이 되었습니다. 군 생활 중 사랑하는 아내를 만나 결혼하고 연금 덕분에 안정된 삶을 살게 되어 감사합니다. 현재 저는 심리상담전문가이자 생명존중전문강사로 활동하며, 어려움 속에 있는 사람들을 돕고 있습니다. 많은 반대에도 불구하고 제가 하고 싶은 일을 선택했으며, 이제는 '살리는 남자'로 불리며 희망을 전하는 삶을 살고 있습니다.

소담 한만정 감사 마스터의 1일 5감사 활동은 저뿐 아니라 많은 사람들에게 선한 영향력을 미치며, 감사가 삶을 변화시키는 힘이 있음을 실감하고 있습니다. 매우 구체적이고 솔직 담백한 감사표현에서 감동이 커지고 많은 이들에게 감사 일기 쓰기 동기부여가 되고 있습니다. 오늘도 감사로 시작하고 마무리하며 긍정적인 삶과 남을 돕는 삶을 살아가고 있습니다. 이 모든 순간이 제 인생의 황금기임을 감사하며 살아가고 있습니다. 감사합니다.

『감사 일기, 63일의 기적』 출간을 축하드리며

부산에서 희망을 전하는 유근태 드림

소담 한만정 교장님의 『감사 일기, 63일의 기적』 출간을 진심으로 축하드립니다. 몇 년 전부터 감사 일기를 주창하며 많은 이들에게 감사의 실천을 전파해 오신 교장님이 진행하는 감사일기 쓰기 교육과정(5주)을 수강하면서 배워왔습니다. 처음 감사 일기를 쓸 때는 어색했지만, 교장님의 오랜 실천 덕분에 감사를 배우고 삶의 변화를 경험한 이유를 알게 되었습니다.

감사 일기를 꾸준히 쓰다 보니 감사는 자연스러워졌고, 모든 일에 감사가 깃들어 있음을 깨달았습니다. 놀라울 정도로 일이 순조롭게 풀렸습니다. 감사는 단순한 감정이 아니라, 삶을 변화시키는 힘이었습니다.

"가장 힘들 때 가장 기뻐하라."라는 말처럼, 감사의 실천은 우리에게 가장 중요한 선택이자, 자신과 타인에게 유익한 태도입니다. 감사 일기를 쓰면서 마음에 평온이 찾아왔고, 긍정적인 평가를 자주 듣게 되었습니다.

매사에 긍정적인 시각으로 사물을 바라보며, 지금 이 순간도 하루를 감사로 시작하고 마칩니다. 감사의 근육을 길러온 덕분에 긍정적인 삶을 개척하고자 합니다. 앞으로 더 많은 사람들과 감사의 참뜻을 나누며, 삶의 가치를 높이고 싶습니다.

이 모든 변화를 가능하게 해 준 소담 한만정 교장님께 깊이 감사드리며, 『감사 일기, 63일의 기적』이 더 많은 이들에게 감사를 전파하는 도구로 쓰여지길 기원합니다.

감사를 위한 기도

사랑과 은혜의 하나님,
오늘도 저희에게 생명과 호흡을 주시니
감사합니다.

일상의 작은 순간들 속에서
주님의 사랑을 느끼게 하시고,
감사의 마음을 품게 하시니 감사합니다.

주님, 저희가 때로는 삶의 무게에 눌려
감사함을 잊을 때에도 주님의 은혜로
변함없이 저희를 감싸주시니 감사합니다.

어려움 속에서도 주님의 손길을 느끼며,
감사의 기도를 드릴 수 있게 하시니 감사합니다.

주님께서 허락하신 자연의 아름다움과
사랑하는 이들과의 소중한 관계를 통해
저희가 주님의 사랑을 깨닫게 하시니 감사합니다.

매일의 삶 속에서 주님의 뜻을 따르며,
감사의 삶을 살아가게 하옵소서.

이 모든 말씀을
우리 주 예수 그리스도의 이름으로 기도드립니다.
아멘.

- 감사마스터, 소담한만정

에필로그
: 감사의 여정, 당신의 삶을 변화시키는 기적

63일의 감사 일기를 마치며, 저는 감사가 단순한 습관을 넘어 삶의 근본적인 깨달음으로 이어진다는 것을 오래전에 느꼈습니다. 감사는 일상의 사소한 순간들 속에서 진정한 행복을 발견하게 해주었고, 감사하는 감정을 표현하고 더 나은 제 삶의 방향을 새롭게 비추어 주었습니다. 성경에서도 이렇게 말합니다.

"범사에 감사하라. 이는 그리스도 예수 안에서 너희를 향하신 하나님의 뜻이니라." - 데살로니가전서 5:18

이 말씀은 삶의 모든 순간이 하나님의 뜻 안에 있다는 신뢰를 가르칩니다. 삶의 고난과 기쁨 속에서도 감사할 수 있는 힘은, 그 모든 일이 더 큰 도의 흐름 속에 있다는 깨달음에서 비롯됩니다.

이 여정을 통해 저는 스스로에게 두 가지 중요한 질문을 던졌습니다.

"나는 누구인가?" 그리고 "어떻게 살아야 하는가?"

감사의 길 위에서 저는 고전을 더 깊이 공부하고 노자 도덕경 1장의 가르침을 떠올렸습니다.

'도(道)는 도라 할 수 있으면 영원한 도가 아니며,

이름은 이름 붙일 수 있으면 영원한 이름이 아니다.

무(無)는 하늘과 땅의 시작이요,
유(有)는 만물의 어머니이다.
그러므로 항상 무를 관하면 그 신비를 보고,
항상 유를 관하면 그 경계를 본다.'

노자는 우리 삶의 본질은 이름 붙일 수 없는 무한한 도(道)에 있다고 가르칩니다. 삶에서 우리가 감사해야 할 이유 또한 바로 이 도 속에 있습니다. 보이는 유(有)와 보이지 않는 무(無)를 함께 바라볼 때, 우리는 비로소 삶의 신비와 아름다움을 발견합니다. 감사는 이 두 세계를 잇는 다리와 같습니다. '감사는 생명을 잇고 사람과 사람을 연결하는 깊은 울림을 지닙니다.' 일상의 작은 일에 감사할 때, 우리는 그 배후에 숨어 있는 더 깊고 신비로운 의미를 마주하게 됩니다.

감사 일기를 통해 저는 수 없이 깨닫고 성장합니다.

삶은 항상 변화하며, 무에서 유로, 다시 유에서 무로 흘러갑니다. 그 속에서 감사는 유한한 순간을 영원한 의미로 바꾸는 에너지를 가지고 있습니다. 감사의 마음이 감정으로 드러나며 삶의 도와 연결될 때, 우리는 더 이상 겉모습에 얽매이지 않고 내적 자원화를 활용하여 본질을 깊이 통찰할 수 있습니다.

독자님들과 63일 동안 감사 일기를 쓰며 저는 평범한 일상의 순간들이 사실은 얼마나 소중한지 깨달았습니다. 누군가와 동행한다는 힘은 이렇게 어마어마한 에너지가 작용하는 겁니다. 해가 떠오르는 아침, 누군가의 따뜻한 말, 실패 속의 배움. 이 모든 것들이 저에게 도(道)의 신비와도 같았으며 사랑의 근본에 가까운 삶이였습니다. 감사의 눈으로 바라보니, 삶은 단순히 흘러가는 시간이 아니라 더 큰 흐름 속에서 빛나는 여정이었습니다.

저의 존재 자체가 감사임을 알게 하시고, 여기까지 보살핌을 주신 부모님과 형제자매 내편님과 자녀들 그리고 독자 여러분께 감사드립니다. 이 책이 완성되기까지 관련 고전을 검수해 주신 명상완 실장님, 기감동프(기적적인 삶 감사 동행 프로젝트) 감사나무 숲 선생님들, 진심으로 고마운 마음을 전합니다. 무엇보다 저에게 감사로 전환하는 승화력에 불을 붙여주신 삶의 여정에서 이모저모의 문제를 함께 경험하고 해결해 나가는 모든 분께 가슴으로 소중히 여기며, “덕분입니다.” 이 모든 지혜와 희망을 담고 매일 기도하며 의지하도록 나를 향해 손을 내미시는 하나님 아버지께 영광 올려드립니다.

자 이제, 여러분과 함께 감사의 여정을 나눌 수 있어 참으로 기쁩니다.

노자가 말한 도처럼, 감사는 보이지 않지만 분명히 존재하는 삶의 근원이 되는 힘입니다. 감사의 눈으로 삶을 바라볼 때, 우리는 더 이상 표면에 머물지 않고 삶의 깊은 본질을 만날 수 있습니다.

감사로 빛나는 삶이 여러분의 여정이 되길 진심으로 소망합니다.

감사합니다.

2025년 1월 새해 아침

독자 여러분과 새로운 변화를 향하며

소담(昭潭) 감사 마스터 코치